中国铁建股份有限公司企业标准

铁路建设项目水土保持施工及验收规程

Construction and Acceptance Specifications for Water and Soil Conservation in Railway Construction Projects

Q/CRCC 12701—2020

主编单位：中铁十八局集团有限公司
批准单位：中国铁建股份有限公司
施行日期：2021 年 5 月 1 日

人民交通出版社股份有限公司
2021·北京

图书在版编目（CIP）数据

铁路建设项目水土保持施工及验收规程／中铁十八局集团有限公司编著. — 北京：人民交通出版社股份有限公司，2021.4
ISBN 978-7-114-17233-5

Ⅰ.①铁… Ⅱ.①中… Ⅲ.①铁路工程—水土保持—工程施工—中国—规程②铁路工程—水土保持—工程验收—中国—规程　Ⅳ.①U215-65

中国版本图书馆 CIP 数据核字（2021）第 067852 号

标准类型：	中国铁建股份有限公司企业标准
标准名称：	铁路建设项目水土保持施工及验收规程
标准编号：	Q/CRCC 12701—2020
主编单位：	中铁十八局集团有限公司
责任编辑：	曲　乐　吴燕伶
责任校对：	孙国靖　扈　婕
责任印制：	张　凯
出版发行：	人民交通出版社股份有限公司
地　　址：	（100011）北京市朝阳区安定门外外馆斜街 3 号
网　　址：	http://www.ccpcl.com.cn
销售电话：	（010）59757973
总 经 销：	人民交通出版社股份有限公司发行部
经　　销：	各地新华书店
印　　刷：	北京印匠彩色印刷有限公司
开　　本：	880×1230　1/16
印　　张：	6.75
字　　数：	139 千
版　　次：	2021 年 4 月　第 1 版
印　　次：	2021 年 4 月　第 1 次印刷
书　　号：	ISBN 978-7-114-17233-5
定　　价：	52.00 元

（有印刷、装订质量问题的图书由本公司负责调换）

中国铁建股份有限公司文件

中国铁建科创〔2020〕172号

关于发布《铁路箱梁架设信息化施工技术规程》等 6项中国铁建企业技术标准的通知

各区域总部，所属各单位：

现发布《铁路箱梁架设信息化施工技术规程》（Q/CRCC 13201—2020）、《大直径泥水盾构施工安全技术规程》（Q/CRCC 33302—2020）、《铁路建设项目水土保持施工及验收规程》（Q/CRCC 12701—2020）、《悬挂式单轨交通机电系统技术标准》（Q/CRCC 33303—2020）、《铁路车载移动测量技术规程》（Q/CRCC 13501—2020）和《盾构法水下交通隧道技术规程》（Q/CRCC 33304—2020），自2021年5月1日起实施。

6项标准由人民交通出版社股份有限公司出版发行。

中国铁建股份有限公司

2020年12月23日

前 言

本规程是根据中国铁建股份有限公司《关于下达 2019 年中国铁建企业技术标准编制计划的通知》(中国铁建科设〔2019〕127 号)的要求,由中铁十八局集团有限公司会同有关单位编制完成。

本规程编制过程中,编制组进行了深入的调查研究,系统总结工程实践经验,广泛征求有关单位和专家意见,并与相关标准进行了协调,经反复讨论、修改,由中国铁建股份有限公司科技创新部审查定稿。

本规程共分 14 章,主要技术内容包括:1 总则;2 术语;3 基本规定;4 施工准备;5 表土保护;6 土地整治;7 边坡防护;8 排水;9 植物措施;10 固沙;11 弃渣场防护;12 取土场防护;13 施工临时防护;14 施工质量验收。

本规程由中铁十八局集团有限公司负责具体技术内容解释,由中国铁建股份有限公司科技创新部负责管理。标准执行过程中如有意见或者建议,请寄送中铁十八局集团有限公司(地址:天津市河西区柳林大沽南路 1519 号,邮编:300222;电子邮箱:32237253@qq.com),以供今后修订时参考。

主 编 单 位: 中铁十八局集团有限公司
参 编 单 位: 中铁第一勘察设计院集团有限公司
主要起草人员: 张 馨 黄 欣 王小丹 李 敏 李汉愿 宋宏坤
  张湘平 李庆斌 张 帅 贾宝新 郎 珉

主要审查人员: 杨开林 倪光斌 李天骄 许和平 齐占国 李明生
  李庆民 费学宁 孙国均 李仁华 韩 利 肖金凤
  张立青 李 龙 范聚朝 刘冀钊 张晓波

目　次

1 总则 ·· 1
2 术语 ·· 2
3 基本规定 ··· 4
　3.1 一般规定 ··· 4
　3.2 水土保持措施 ·· 6
　3.3 路基工程 ··· 7
　3.4 桥涵工程 ··· 7
　3.5 隧道工程 ··· 7
　3.6 站场及站房工程 ·· 8
　3.7 临时工程 ··· 8
4 施工准备 ·· 10
　4.1 施工调查 ··· 10
　4.2 设计文件核对 ·· 10
　4.3 施工方案及资源配置 ··· 11
　4.4 施工作业指导书编制 ··· 12
　4.5 施工技术交底 ·· 12
5 表土保护 ·· 15
　5.1 一般规定 ··· 15
　5.2 表土剥离 ··· 15
　5.3 表土运输 ··· 17
　5.4 表土储存 ··· 17
6 土地整治 ·· 19
　6.1 一般规定 ··· 19
　6.2 土地平整 ··· 20
　6.3 表土回覆 ··· 20
7 边坡防护 ·· 23
　7.1 一般规定 ··· 23
　7.2 植物防护 ··· 24
　7.3 客土植生防护 ·· 26
　7.4 喷混植生防护 ·· 33
　7.5 骨架防护 ··· 34

8 排水 ··· 38
8.1 一般规定 ··· 38
8.2 路基排水 ··· 39
8.3 隧道排水 ··· 44
8.4 桥涵及改河工程排水 ·· 46
8.5 站场及站房排水 ·· 47
8.6 临时工程排水 ··· 47

9 植物措施 ··· 49
9.1 一般规定 ··· 49
9.2 桥梁及隧道地段 ·· 52
9.3 路基地段 ··· 52
9.4 站区地段 ··· 53
9.5 其他场地 ··· 54

10 固沙 ··· 58
10.1 一般规定 ·· 58
10.2 工程固沙 ·· 59
10.3 化学固沙 ·· 65
10.4 植物固沙 ·· 66

11 弃渣场防护 ··· 70
11.1 一般规定 ·· 70
11.2 表土保护 ·· 72
11.3 支挡结构 ·· 73
11.4 边坡防护 ·· 73
11.5 截（排）水沟 ·· 74
11.6 植被恢复 ·· 75

12 取土场防护 ··· 77
12.1 一般规定 ·· 77
12.2 表土保护 ·· 78
12.3 土地整治 ·· 78
12.4 边坡防护 ·· 79
12.5 截（排）水沟 ·· 79
12.6 植被恢复 ·· 80

13 施工临时防护 ·· 81
13.1 一般规定 ·· 81
13.2 临时排水 ·· 81
13.3 临时苫盖 ·· 82

13.4	临时挡护	82
13.5	临时绿化	83

14　施工质量验收 84
 14.1　一般规定 84
 14.2　单元工程评定 85
 14.3　分部工程验收 87
 14.4　单位工程验收 88

本规程用词说明 89

引用标准名录 90

涉及专利名录 91

Contents

1 **Generals** 1
2 **Terms** 2
3 **Basic Regulations** 4
   3.1   General Regulation 4
   3.2   Definition of Soil and Water Conservation Measures 6
   3.3   Subgrade Engineering 7
   3.4   Bridge&Culvert Engineering 7
   3.5   Tunnel Engineering 7
   3.6   Station Yard & Station Buildings Engineering 8
   3.7   Large-scale Temporary Project 8
4 **Construction Preparation** 10
   4.1   Construction Survey 10
   4.2   Design Document Verification 10
   4.3   Construction Plan and Resource Allocation 11
   4.4   Construction Working Guidance Preparation 12
   4.5   Technical Disclosure 12
5 **Topsoil Protection** 15
   5.1   General Regulations 15
   5.2   Soil Stripping 15
   5.3   Soil Transportation 17
   5.4   Soil Storage 17
6 **Land Consolidation** 19
   6.1   General Regulations 19
   6.2   Land Levelling 20
   6.3   TopsoilRestore 20
7 **Slope Protection** 23
   7.1   General Regulations 23
   7.2   Plant Protection 24
   7.3   Soil Replacement Plant Protection 26
   7.4   Spray and Mix Plant Protection 33
   7.5   Skeleton Protection 34

8 Drainage ... 38
8.1 General Regulations ... 38
8.2 Subgrade Drainage ... 39
8.3 Tunnel Drainage ... 44
8.4 Bridge&Culvert and Channel Shift Drainage ... 46
8.5 Station Yard & Station Building Drainage ... 47
8.6 General Regulations ... 47

9 Vegetation Measure ... 49
9.1 General Regulations ... 49
9.2 Bridge&Tunnel Section ... 52
9.3 Subgrade Section ... 52
9.4 Station Section ... 53
9.5 Other Sites ... 54

10 Sand Stabilization ... 58
10.1 General Regulations ... 58
10.2 Enineering Sand Stabilization ... 59
10.3 Chemical Sand Stabilization ... 65
10.4 Vegetation Sand Stabilization ... 66

11 Waste Site Protection ... 70
11.1 General Regulations ... 70
11.2 Topsoil Protection ... 72
11.3 Supporting Structure ... 73
11.4 Slope Protection ... 73
11.5 Catchwater&Drainage ... 74
11.6 Vegetation Recovery ... 75

12 Borrow Area Protection ... 77
12.1 General Regulations ... 77
12.2 Topsoil Protection ... 78
12.3 Land Consolidation ... 78
12.4 Slope Protection ... 79
12.5 Catchwater&Drainage ... 79
12.6 Vegetation Recovery ... 80

13 Temporary Construction Protection ... 81
13.1 General Regulations ... 81
13.2 Temporary Drainage ... 81
13.3 Temporary Cover ... 82

13.4	Temporary Protection	82
13.5	Temporary Landscape	83
14	**Work Acceptance**	**84**
14.1	General Regulations	84
14.2	Section Work Acceptance	85
14.3	Unit Work Acceptance	87
14.4	Unit Project Acceptance	88

Explanation of Wording in This Specification ········· 89
List of Quoted Standards ········· 90
List of Patents ········· 91

1 总则

1.0.1 为预防、控制和治理铁路开发建设过程中的水土流失，加强铁路建设项目水土保持施工管理，统一施工技术及质量验收要求，制定本规程。

1.0.2 本规程适用于新建、改建铁路建设项目的水土保持施工及质量验收。

1.0.3 铁路建设项目水土保持施工采用的新技术、新材料、新工艺、新设备应符合有关规定。

1.0.4 铁路建设项目水土保持施工及验收除应执行本规程外，尚应符合国家现行有关标准和中国铁建股份有限公司现行有关企业技术标准的规定。

2 术语

2.0.1 水土保持　soil and water conservation
防治水土流失，保护、改良与合理利用水土资源，维护和提高土地生产力，减轻洪水、干旱和风沙灾害，以利于充分发挥水土资源的生态效益、经济效益和社会效益，建立良好生态环境，支撑可持续发展的生产活动和社会公益事业。

2.0.2 水土流失　soil erosion and water loss
在水力、风力、重力及冻融等自然营力和人类活动作用下，水土资源和土地生产能力的破坏和损失，包括土地表层侵蚀及水的损失。

2.0.3 水土保持措施　soil and water conservation measures
为防治水土流失，保护、改良与合理利用水土资源，改善生态环境所采取的工程、植物和耕作等技术措施与管理措施的总称。

2.0.4 工程措施　engineering measures
应用工程原理，为防治水土流失，保护、改良与合理利用水土资源而修建的工程设施。

2.0.5 植物措施　vegetable measures
在水土流失地区，为防治水土流失，保护、改良与合理利用水土资源，所采取的种树、植草、封禁等生产活动。

2.0.6 水土保持设施　soil and water conservation facilities
具有预防和治理水土流失功能的各类人工建筑物、自然和人工植被以及自然地物的总称。

2.0.7 主体工程　principal part of the project
铁路建设项目所包括的主要工程及附属工程的统称。

2.0.8 弃渣场　residues disposal area
工程建设中不能利用的开挖土石方、拆除混凝土或其混合物、桥梁钻孔弃渣所选择的处置或堆放场地的总称。

2.0.9 取土场　borrow area
工程建设所需的土、石、砂等天然建筑材料开采场地的总称。

2.0.10 立地条件　site condition
影响植物形成与生长发育的各种自然环境因子的综合，主要包括气候、地形、土壤、水文、生物、人为活动等。

2.0.11 表土层　surface soil/topsoil
土壤剖面的上层土。该层土作物根系密集，含有较多的腐殖质。对于长期耕作土壤的表土层，可分为上表土层和下表土层。上表土层又称耕作层，下表土层包括犁底层和心土层的上部分。表土层的厚度一般为20~40cm。

2.0.12 复垦　land reclamation
在生产建设过程中，因挖损、塌陷、压占等造成破坏的土地，采取整治措施，使其恢复到可供利用状态的活动。

2.0.13 蓄水池　water storage pool
蓄水容量在1000m^3以下的小型蓄水设施。

2.0.14 沉沙池　sediment deposition pool
用于沉淀泥沙和清除水流中杂物的构筑物。

2.0.15 防风固沙带　windbreak and sand-fixation belt
为控制风蚀危害，根据区域风蚀特点，布设在工程保护对象周边，由若干植物固沙、工程固沙和封育措施组合所形成的带状防护措施体系。

2.0.16 沙障　sand barrier
为控制风沙流、减轻风力侵蚀，在流动沙地表面设置的采用生物或非生物材料制作的各种规格的挡沙障碍物。

2.0.17 化学固沙　fixing sand by chemicals
通过渗入、喷洒或覆盖有机高分子化学物质，胶结沙面、固定流沙的方法和技术。

2.0.18 鱼鳞坑　fish-scale pit
在坡面上，修筑呈"品"字形排列的半圆形坑穴的造林整地方式。

3 基本规定

3.1 一般规定

3.1.1 铁路建设项目水土流失防治责任范围应为铁路建设项目永久征地、临时占地（含租赁土地）以及其他使用和管辖区域。

3.1.2 铁路建设项目水土保持施工应执行设计文件和行政主管部门批准的水土保持方案，贯彻设计意图，达到设计要求的使用功能，防治水土流失危害。

3.1.3 铁路建设项目水土保持设施应与主体工程同时设计、同时施工和同时投入使用，按照有关规定进行验收，未经验收或者验收不合格的，不得投入使用。

3.1.4 铁路建设项目水土保持施工应遵守国家有关安全生产、环境保护和文明施工的要求。

3.1.5 铁路建设项目水土保持应符合下列规定：
1 铁路项目建设范围内的新增水土流失应得到有效控制，原有水土流失得到治理。
2 水土保持设施应安全有效。
3 水土资源、林草植被应得到最大限度的保护与恢复。
4 水土流失治理度、土壤流失控制比、渣土防护率、表土保护率、林草植被恢复率、林草覆盖率六项指标应符合行政主管部门批准的水土保持方案和现行国家标准《生产建设项目水土流失防治标准》（GB/T 50434）的有关规定。

条文说明

"原有水土流失得到治理"是指部分项目征地范围内的未扰动地表在施工之前就存在水土流失的情况，但也应进行治理，使其土壤流失强度达到土壤容许流失量以下。

3.1.6 施工阶段水土流失防治应符合下列要求：
1 控制和减少对原地貌、地表植被、水系的扰动和损毁，保护原地表植被、表土及结皮层、沙壳与地衣等，减少占用水、土资源，提高利用效率。

2 施工中产生的弃土（渣）应综合利用，不能利用的应集中堆放在指定的弃渣场，并按"预防优先、先拦后弃"的原则，及时按设计要求施作拦挡、截（排）水等水土保持设施。

3 开挖、填筑、排弃的场地应采取布设拦挡、护坡、截（排）水等防治措施。施工过程中形成的坡面，应采取植物措施，或工程措施与植物措施相结合的综合护坡措施。

4 施工过程应采取临时防护措施。

5 临时占压、扰动的土地应及时进行土地整治，恢复其利用功能或恢复植被。

3.1.7 实施性施工组织设计应符合下列要求：

1 水土保持重点控制性工程应包含沿河、山区、风沙区路段等重点地段内的高填方路堤、深挖路堑、隧道洞口开挖、特大桥梁、土石方量较大的站场、大型站房、取土场、弃渣场、临时工程。

2 施工场地应控制占地范围，减少开挖量和废弃量，避开植被良好区、生态敏感区和基本农田区。

3 施工进度与时序应合理安排，避免重复开挖和多次倒运，减小裸露时间和范围。

4 施工开挖、填筑、堆置等裸露面，应采取临时拦挡、排水、沉沙、覆盖等措施。

5 弃土、弃石、弃渣应分层堆放。

6 取土场宜分台阶开采，控制开挖深度。

7 爆破开挖应控制装药量和爆破范围。

3.1.8 铁路建设项目水土保持施工过程控制应符合下列要求：

1 施工活动应控制在设计的施工道路、施工场地内。

2 施工开始时应首先对表土进行剥离和保护，集中堆放并采取防护措施，待施工结束后作为土地整治覆土。

3 裸露地表应及时防护，减少裸露时间。填筑土方时应随挖、随运、随填、随压。

4 临时堆土（石、渣）应集中堆放，采取临时拦挡、苫盖、沉沙、排水等措施。

5 施工产生的泥浆应先通过泥浆池、沉淀池沉淀，再采取其他处置措施。

6 围堰填筑、拆除应采用减少水土流失的有效措施。

7 弃渣场应事先设置拦挡措施，并有序堆放。

8 取土场使用前应先设置截（排）水、沉沙等措施，禁止在设计范围外开挖。

9 土（砂、石、渣）料在运输过程中应采取保护措施，防止沿途撒溢。

3.1.9 铁路建设项目水土保持管理工作应符合下列要求：

1 施工单位应建立健全质量保证体系，对水土保持施工质量实施全过程控制。

2 应按水土保持的一般规定和特殊要求进行施工调查。实施性施工组织设计应严格按照行政主管部门批复的水土保持方案制订水土保持措施和要求。

3 专项施工方案应明确具体的水土保持措施和注意事项。

4 施工过程中应通过合同管理、宣传培训和检查验收等手段进行水土流失防治工作管控。

5 应控制和管理机械车辆的运行范围，减小对地表的扰动。

6 施工现场应设立保护地表及植被的警示牌，施工过程应保护表土与植被。

7 施工现场应设置生产、生活消防安全措施。

8 外购土（砂、石）料应选择合法的土（砂、石）料场，宜在供料合同中明确水土流失防治责任。

9 施工期间应对泄洪防洪设施经常性检查维护，保证其防洪效果和通畅。

10 建成的水土保持设施应做好管理维护工作。

11 主体工程竣工验收前，应按照验收程序和标准完成水土保持设施的专项验收。

3.1.10 清洗施工机械、设备的废水、废油以及生活污水不得直接排放于河流、湖泊或其他水域中，也不得排泄于饮用水源附近的土地上。对废水、废油和生活污水应设置过滤池、沉淀池、隔油池、化粪池进行处理，并添加适量消毒剂，达到排放标准后方可向外排放。

3.2 水土保持措施

3.2.1 主体工程设计中以水土保持功能为主的工程应界定为水土保持措施。

条文说明

难以区分是否以水土保持功能为主的工程，可按破坏性试验的原则进行界定。即假定没有这些工程，主体设计功能仍然能够发挥作用，但会产生较大的水土流失，此类工程应界定为水土保持措施。

3.2.2 支挡和排水措施中，弃渣场的挡渣墙、拦渣坝、拦渣堤，站区的雨水排水管、截（排）水沟，路基的截（排）水沟、急流槽、沉淀池、蒸发池，桥梁的排水管、排水沟，隧道洞口的截（排）水沟，弃渣场、取土场的截（排）水沟，西北戈壁区路基两侧的导流堤，属于水土保持措施。

3.2.3 边坡防护措施中，主体工程设计在稳定边坡上布设的工程护坡、植物护坡、工程与植物措施相结合的综合护坡属于水土保持措施。

3.2.4 表土剥离和保护、土地整治、植物措施、为集蓄降水的蓄水池、固沙措施、采用透水形式的场地硬化措施属于水土保持措施。

3.3 路基工程

3.3.1 路堤填筑和膨胀土、黄土路堑不宜安排在雨季施工，应结合永久性排水设施做好临时排水设施。

3.3.2 路堤填筑施工时，应根据现场情况设置挡水埝、引水槽等截（排）水设施，防止雨水冲刷边坡。

3.3.3 路堑应分级开挖、分级防护，并严格控制开挖范围，减少对原地貌的破坏。

3.3.4 路堑开挖和路基边坡成形后，应及时完成边坡防护和坡面排水设施。

3.3.5 路基施工过程中占用河道、水道及既有灌溉、排水系统等，应征得行政主管部门同意，并采取措施防止河流、水道、灌渠等排水系统淤积或堵塞。

3.4 桥涵工程

3.4.1 桥梁钻孔桩施工应设置完备的泥浆循环系统，并采取措施防止泥浆循环系统跑浆、冒浆和漏浆。

3.4.2 泥浆池内壁宜采取覆盖塑料膜等措施防止泥浆渗漏，池内沉渣应及时清理。

3.4.3 废弃泥浆不得直接进行排放，应干化后集中弃置于弃渣场，平原区可用于桥下摊铺及绿化。

3.4.4 施工过程中产生的废弃渣土应根据现场实际情况及时外运移除或就地平整，就地平整不能改变原有地貌和水的流向。

3.5 隧道工程

3.5.1 隧道和辅助通道洞口截（排）水设施，边、仰坡开挖及防护和地表恢复应符合水土保持有关规定和设计要求，开挖不得采用大爆破，严格控制开挖范围。

3.5.2 临时边坡应采用工程措施或植物措施防治水土流失。

3.5.3 洞内废水应经过处理后排放。

条文说明

按设计要求在洞外设置施工废水处理系统，对隧道洞内的施工废水和施工机械的废油、废水采用沉淀和气浮相结合的方式进行处理；经过净化池处理达到排放标准后，排入自然径流。定期清洗沉淀池、排水沟中的污泥；油污处理池内填充秸秆或炉渣，并定期清洗更换。

3.5.4 施工单位应对既有的勘察设计水文地质资料进行核查和必要的补充调查，对可能涌水的隧道实施环境监测，保护好沿线地下水和地表水资源。

3.5.5 隧道施工可能造成地下水漏失，对地表生态环境、结构安全、居民生产生活用水产生严重影响时，应根据超前地质预报结果编制水土保持专项施工方案，落实水资源保护和水污染防治措施。

3.6 站场及站房工程

3.6.1 站场、站房建（构）筑物基础施工不宜安排在雨季，应提前施作临时排水设施，建（构）基础开挖及回填面不应积水。若无法避开雨季，应施作防护工程、排水工程和裸露地表的植被防护。

3.6.2 应合理安排工序，力求挖填方平衡，减少取土挖方量，及时清运开采的土方。对已完坡面工程应及时植草绿化，边坡较高时应及时施作防护工程。

3.6.3 站场及站房区域临时暴露的地面、新填挖的裸露面及临时堆放的回填存放土应及时进行覆盖或进行植被防护。

3.6.4 工程完工后，应及时清理施工现场的建筑垃圾、生活垃圾。

3.7 临时工程

3.7.1 施工办公生活区、制（存）梁（板）场、混凝土构件场、铺轨基地、混凝土拌和站等施工场地防治水土流失措施应符合下列规定：
1 应充分利用当地的空闲厂房及民房作为施工临时用房屋，并最大限度减少对地表的扰动面积。
2 不宜占用林地、基本农田作为施工生活区和施工场地。
3 周边应设置截（排）水沟，并在其下游出水口处设置沉淀池。
4 不稳定边坡要进行防护，边坡及地表的裸露面应进行绿化。
5 裸露地表和临时堆放渣土应采取临时防护措施。

6 施工完毕后应对场地采取土地整治、坡面防护和绿化措施进行恢复利用。

3.7.2 施工便道防治水土流失措施应符合下列规定：

1 线路纵向施工便道应充分利用既有道路，线路横向施工便道宜少设、拉大间距。

2 施工便道应减少对林地和基本农田的占用，山区地段修建施工便道时，弃土不应顺坡倾倒。

3 沿河和山区地段应结合地形条件及技术经济条件，根据施工需要对施工便道的边坡进行防护，原有植被被破坏的应进行绿化，完善便道路基防冲刷排水设施。

4 施工完毕后应对场地进行清理、平整、绿化或复垦。

4 施工准备

4.1 施工调查

4.1.1 施工调查前应依据设计文件和相关资料制订调查大纲。调查结束后应根据调查情况编写施工调查报告。

4.1.2 施工调查应包括下列内容：
1 地理环境、气象、水文水质情况。
2 水土保持措施及相邻工程情况。
3 施工运输道路、地下水源、地表水系、供电、通信、施工场地、征地拆迁、取土场、弃渣场等情况。
4 工程所在地水土保持、环境保护的一般规定和特殊要求。
5 对水土保持施工有直接和间接影响的其他问题。

4.1.3 施工调查报告除应包括施工调查的主要内容外，还应包括下列内容：
1 工程概况，包括工程环境、工程地质、水文地质、工程规模、数量及特点。
2 临时设施方案，包括临时房屋、材料厂、施工便道及码头、电力及通信干线等设施的选择、规模和标准。
3 生产生活供水、供电方案，施工通信方案。
4 施工建议方案。
5 水保、环保要求及注意事项，可能对环境造成的影响。
6 施工调查中发现的设计有关问题和优化设计建议。
7 尚待进一步调查落实的问题。

4.2 设计文件核对

4.2.1 水土保持措施施工前，应重点对设计文件中的拆迁工程、工程设计方案、工程措施、临时工程等进行现场核对，并做好核对记录。

4.2.2 设计文件核对应包括下列内容：
1 设计文件相互间的一致性、系统性；各设计专业接口工程的相互衔接。

2 设计工程数量。

3 设计水土保持工程的地形、地貌，地上、地下管线，周边建（构）筑物等与现场的一致性。

4 水土保持工程设计方案、工程措施的合理性和可实施性，应急预警系统的完善性。

5 取土场、弃渣场的结构设计、位置及容量。

6 排水系统的完善性。

7 大型临时设施和过渡工程的设置位置、规模和数量。

4.2.3 设计文件核对完成后应按程序上报核对结果。

4.3 施工方案及资源配置

4.3.1 水土保持措施施工方案应根据施工条件、地质条件、地形地貌、地下水及地表水系、工期要求、水土保持、环境保护、资源配置等因素综合确定。

4.3.2 地形复杂、地下水和地表水系破坏大、水土流失风险大时，应结合周边环境及现场实际情况，分析工程及水文地质资料，进行风险评估，制订施工技术方案和专项应急救援预案。

4.3.3 资源配置应与水土保持施工方案相匹配，按照制订的施工方案和进度安排，计算主要材料、设备、关键施工机械的数量及分阶段消耗量，确定分阶段的进料时间、储存及供应数量。

4.3.4 施工所需的机械设备配置应按照经济、高效原则进行配套，并应符合下列规定：

1 机械设备的进场时间应满足项目节点工期安排要求。

2 机械设备的选用宜遵循自有设备、租用设备、购置设备的顺序。

3 机械设备的组合应进行效率与费用的综合技术经济比较。

4.3.5 物资材料的配置应满足生产需要和降低成本的要求。

条文说明

应按照甲供、自购材料的规格、数量、供应时间节点要求，制订相应的招标采购计划。对于较特殊的物资，应提供较准确的供应计划，如有变化，提前通知生产厂家及时调整，确保按时供货。

4.3.6 人力资源配置应按工程规模、进度安排、工序专业类别等要求，编制人力资源需求和使用计划，在满足施工组织的基础上，实现人力资源精干高效。

4.4 施工作业指导书编制

4.4.1 水土保持措施施工应针对特殊过程、关键工序编制施工作业指导书。

条文说明

编制施工作业指导书的目的是使施工人员掌握特殊过程、关键工序的作业程序、施工方法和质量标准，了解安全、节能环保等有关注意事项。

4.4.2 施工作业指导书应按照先进成熟的工艺工法，科学合理的生产组织，并与建设标准、质量目标、安全要求以及现场施工条件结合起来进行编制，可操作性应强。

4.4.3 水土保持措施施工作业指导书编制范围应包括表土保护、土地整治、边坡防护、排水、固沙、植物措施、弃渣场防护、取土场防护、施工临时防护。

4.4.4 施工作业指导书应包括下列主要内容：
1 适用范围。
2 作业准备。
3 技术要求。
4 施工程序与工艺流程。
5 施工要求。
6 劳动组织。
7 材料要求。
8 设备机具配置。
9 质量控制及检验要求。
10 安全及环保要求。

4.4.5 施工应组织现场作业交底和人员培训，考试合格后上岗。特种作业人员应持证上岗。

4.5 施工技术交底

4.5.1 水土保持措施施工技术交底应实行分级交底制度，覆盖所有参与施工的管理人员、技术人员、作业人员。交底可采用会议、口头或书面形式，并以书面交底

4.5.2 对项目部各部室及技术人员的交底应包括下列内容：
1 工程概况、重难点及施工调查情况。
2 安全、质量、环保、工期目标及主要节点进度计划安排等。
3 总体施工组织方案、施工场地布局、大临设施及过渡工程方案。
4 总体施工顺序、技术方案，采用的新技术、新结构、新材料和新工艺。
5 主要工程材料、设备、劳动力安排及资金计划。
6 重大安全技术，水保环保措施。
7 主要危险源、应急预案及抢险救援机构和设备。

4.5.3 对作业队的技术交底应包括下列内容：
1 总体施工组织安排及施工方案。
2 工程质量、安全、水保环保、进度目标及保障措施。
3 施工方法、操作规程及施工技术要求。
4 新技术、新工艺操作要求。
5 分部、分项工程划分。
6 施工作业指导书。
7 设备加工图、拼装图及其使用说明。
8 试验参数及理论配合比。
9 控制测量桩橛、监控量测等。
10 重大危险源、应急救援措施及抢险救援机构和设备。
11 成品保护方法及措施。

4.5.4 对作业班组的技术交底应包括下列内容：
1 各工序施工中可能出现的安全风险、安全注意事项及紧急情况下的应急救援措施、紧急逃生措施。
2 工序施工方法、施工工艺流程及施工先后顺序、工序间衔接处理等。
3 施工工艺细则、操作要点。
4 作业标准和质量验收标准等。
5 工程结构物尺寸、里程、高程等；有关施工详图和加工图，包括支护结构、模板制作设计、钢筋配筋、结构尺寸大样图等。
6 使用材料规格及材质要求，混凝土和砂浆强度等级，施工配合比等。
7 设备加工图、拼装图及其操作要领，大型施工机械操作规程、安全使用规则、维修保养规则等。
8 质量通病预防措施。
9 施工安全及技术措施。

10 劳动保护、水土保持及环境保护有关注意事项。

4.5.5 施工技术交底应形成书面记录，并履行复核、签认手续，留存备查。

5 表土保护

5.1 一般规定

5.1.1 表土保护施工工艺流程可按图5.1.1执行。

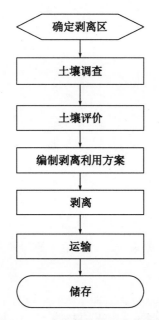

图5.1.1 表土保护施工工艺流程

5.1.2 施工前应做好表土保护，合理安排表土的剥离、运输及储存工作。

5.1.3 剥离的表土应用于绿化施工、扰动土地复耕或植被恢复，剩余土方可用于增厚当地现有耕地的耕作层、当地的土地整治或绿化用土。

5.2 表土剥离

5.2.1 在表土剥离之前，应根据剥离区域、表土厚度及分布均匀程度、施工条件等因素，确定剥离厚度和施工方式。

条文说明

土层较厚的平原区、山丘区，可采用机械方式剥离表土；西南土石山区土层厚0.2m以上的，优先采用机械剥离，0.2m以下的可采用人工辅助机械剥离；土层较薄的山丘区、高寒草原草甸区，必要时可采用人工剥离。

5.2.2 表土剥离应优先选择土层厚度不小于0.3m的扰动地段，临时占地范围内扰动深度小于0.2m的表土可不剥离，宜采取铺垫等保护措施。表土剥离厚度应符合表5.2.2的规定。

表5.2.2 不同地区表土剥离厚度

地　　区	表土剥离厚度（m）
西北黄土高原区的土石山区	0.3～0.5
东北黑土区	0.3～0.8
北方土石山区	0.3～0.5
南方红壤丘陵区	0.3～0.5
西南土石山区	0.2～0.3

条文说明

剥离厚度根据土壤不同分区可取0.2～0.8m；土壤稀缺的山区及丘陵区应适当增加剥离厚度，黄土覆盖地区可不剥离表土，高寒草原草甸区应对表层草甸进行单独剥离并养护。

5.2.3 表土剥离量应根据复耕要求和后期绿化、植被恢复的面积确定。

5.2.4 表土剥离应符合下列规定：
1 表土剥离应提前放线，标明剥离区表土剥离的范围和厚度。
2 表土剥离过程中应清除土壤中较大的树根、石块、建筑垃圾等杂物。
3 剥离区地面较平整且土层较厚时，可采用机械施工；剥离区面积较小、地面起伏大且剥离土壤的土层较薄时，可采用人工施工。

条文说明

机械施工可选用小吨位的推土机、挖掘机、铲运机等，推荐使用反铲挖土机配合自卸翻斗车进行剥离，近距离运输。

5.2.5 表土剥离时，剥离区应内无积水。当发生较大强度降雨时，应立即停止表土剥离。

5.2.6 施工机械不得在尚未开展表土剥离的区域运行。

5.3 表土运输

5.3.1 表土运输应根据运输距离的长短和交通条件，合理选择运输机械。

条文说明

运输机械可选用自卸汽车、铲运机和翻斗车，近距离运输也可选用装载机、推土机等。

5.3.2 表土运输过程中应避免对剥离区表土的压实。当难以避免时，可在剥离区域铺设木质或钢质模板。

5.3.3 表土运输应符合下列规定：
1 装载机应沿着挖掘面进行装车。
2 堆土的边缘和表面在装土后应进行修整，保持堆土表面的平整。
3 自卸汽车应按指定的运输线路在操作区域内运行。
4 表土运输不宜在雨天进行，运输途中应采取临时防护措施。
5 自卸汽车卸土应采取单向后退的方式，然后采用装载机或推土机推平。

5.4 表土储存

5.4.1 表土剥离后应集中堆存于征用土地范围内，储存时间不宜超过 3 年。

5.4.2 表土储存区应修建在相对封闭、独立的区域，并选择地势相对较高、有较好排水条件的位置，不得选择在土壤污染区、地质灾害区、水源保护区。

5.4.3 表土储存应符合下列规定：
1 表土储存区应清除树根、石块、建筑垃圾等杂物，并修整、压实至大致平整。
2 表土堆放应由里向外进行，运输车辆后退行驶至堆土处卸土。机械设备应避免碾压已堆放的表土。
3 表土堆放应沿等高线堆置，堆置高度不应大于5m，堆放边坡不陡于1:1，单个堆放体的体积不应大于5000m³。相邻土堆之间应满足施工车辆的通行要求。
4 表土土堆应及时苫盖或直接撒播草种进行临时绿化。土堆四周应设置围挡和排水系统。

5 表土堆置后，应进行雨期巡防。发现雨水渗入时，及时采取围堵和排水措施。

5.4.4 表土储存时应采取措施，防止施工机械润滑剂和燃油污染。

6 土地整治

6.1 一般规定

6.1.1 工程占地范围内除建（构）筑物、场地硬化占地以外，扰动及裸露土地应进行整治。土地恢复利用方向应根据法律法规、占地性质、原土地类型和立地条件综合确定。

条文说明

应对被破坏和占压的土地进行土地整治，使之恢复到期望的可利用状态。工程施工中，开挖、回填、取料、清淤以及堆放弃渣等施工扰动或占压地表形成的，以及工程管理范围内未扰动、根据水土保持要求需要采取措施的裸露土地，包括弃渣场、取土场、施工办公生活区、施工便道、施工场地、绿化区域和受施工影响而废弃的土地，在恢复植被和耕作前，应采取土地整治措施。

6.1.2 施工单位应根据土地扰动、占压的具体情况、覆土来源、土地恢复利用方向等确定土地整治的内容，主要包括场地清理、土地平整、表土回覆、土地改良。

6.1.3 施工单位应根据恢复地块自然条件、利用方向等因素分析确定覆土的必要性及覆土的厚度。

6.1.4 工程建设中剥离的表土应作为土地整治所需覆土的土源。

6.1.5 土地整治恢复为水田和水浇地时，应恢复灌溉及配套水利设施。灌溉及配套水利设施应符合现行国家标准《水土保持综合治理 技术规范 小型蓄排引水工程》（GB/T 16453.4）的有关规定。

6.1.6 坑凹地土地整治应符合下列规定：
 1 坑凹地应根据条件回填并恢复原有土地利用类型。有条件的地方可将坑凹改建为蓄水池或养殖水塘。
 2 坑凹回填应充分利用弃土、弃渣或者矿渣。

3 回填后应平整地面，表层覆土，并应在四周修建防洪排水设施。

条文说明

坑凹是施工过程中挖掘或地表塌陷形成的基坑。

6.1.7 塌陷区土地整治应符合下列规定：

1 塌陷深度小于1m的，在填充裂缝的基础上，可推土回填整平，复垦为农田、园地或林地；深度为1~3m的，可采取挖深、垫高措施，挖深区可蓄水养鱼、种藕或进行其他利用，垫高区可复垦为农田、园地或林地，并对裂缝采取填充措施。

2 塌陷区裂缝（漏斗）治理宜采取填充措施，填平后恢复植被或种植农作物。

3 积水塌陷盆地可有计划地改造为水域，供养殖使用或作为其他用途；漏水盆地应因地制宜进行整治，恢复为林地、草地和梯田等。

条文说明

塌陷区裂缝（漏斗）治理一般采用填充措施，较宽的裂纹可直接填充，裂缝很窄时需要在表层适当扩口后再填充。扩口开挖深度一般以不超过3m为宜。填充物可以使用其他固体废弃物（如煤矸石），一般以不污染水源和土壤为原则。

6.2 土地平整

6.2.1 土地平整前，应清除场地内建筑垃圾、生活垃圾及石块等杂物。

6.2.2 凹凸不平的地面可采用机械削凸填凹，进行粗整平。地面相对平整或粗平整后的土地，压实度较高的应采用机械翻松。

6.3 表土回覆

6.3.1 表土pH值宜为5.5~8.5，含盐量不宜大于0.3%。

6.3.2 表土回覆可采用推土机推土或者自卸车运土与推土机推土结合的方式。表土回覆的厚度应根据土地用途确定，并符合表6.3.2的规定。

表6.3.2 不同地区覆土厚度

地 区	覆土厚度（m）		
	耕地	林地	草地（不含草坪）
西北黄土高原区的土石山区	0.6~1.0	≥0.6	≥0.3
东北黑土区	0.5~0.8	≥0.5	≥0.3

表 6.3.2（续）

地 区	覆土厚度（m）		
	耕地	林地	草地（不含草坪）
北方土石山区	0.3~0.5	≥0.4	≥0.3
南方红壤丘陵区	0.3~0.6	≥0.4	≥0.2
西南土石山区	0.2~0.5	0.2~0.4	≥0.1

条文说明

表6.3.2是根据各地实际土壤资源情况与农作物、林木、草的生长需求确定的。缺土、少土地区可采用客土造林、带土球造林的方式，减少覆土量。黄土覆盖地区不需覆土。采用客土造林、栽植带土球乔灌木、营造灌木林的，可视情况降低覆土厚度或不覆土。铺覆草坪时，覆土厚度不小于0.1m。覆土厚度为自然沉实土壤厚度。

6.3.3 表土回覆应避开雨期，并在回覆区开挖临时排水沟。

6.3.4 表土回覆符合下列规定：

1 表土回覆应明确每个单元的覆土范围和厚度。区域较大时，应划分网格，确定分区卸土的范围。

2 表土回覆应在土壤干湿条件适宜的情况下进行。

3 应按照种植方向逐步后退卸土，边卸土边摊铺，摊铺厚度以满足设计覆土厚度为准。摊铺完成后，应采用荷重较低的小型机械或耙犁进行平整。当覆土厚度不满足要求时，应进行人工局部修整。

4 表土回覆后，应视土壤松实程度安排土地翻耕。

条文说明

翻耕可以使土壤疏松，为作物根系生长创造良好条件。表土回覆后，应及时安排耕作或种植，加快耕作层土壤结构的形成。

6.3.5 当表土不满足种植要求时，应及时开展土壤改良。土壤改良应符合下列规定：

1 恢复为耕地的，应增施有机肥、复合肥或其他肥料。

2 恢复为林草地的，应优先选择具有根瘤菌或其他固氮菌的绿肥植物。必要时，绿化区应在平整后增施有机肥、复合肥或其他肥料。

3 地表为风沙土、风化砂岩时，可添加污泥、河泥、湖泥和木屑等进行改良。

4 pH值过高或过低的土地，可施加黑矾、石膏、石灰等进行改良。

5 盐渍化土地，应采取灌水洗盐、排水压盐和客土等方式改良土壤。

条文说明

因各地土壤特性不同，土壤改良措施差别较大。本条均为普遍性的措施，具体可结合当地土地改良经验或经试验确定。

7 边坡防护

7.1 一般规定

7.1.1 施工前应核对设计文件及相关资料。施工过程中，工程地质及水文条件应符合设计要求。

7.1.2 边坡防护工程应按设计要求在稳定的基础和坡体上进行施工。

7.1.3 防护的坡体表面应修整平顺，防护设施应与坡面密贴结合。在地下水较为发育的地段，应注意边坡防护与地下排水措施相结合。在设有支挡结构物及排除地下水设施地段，应先施作支挡结构物、排水设施，再施作防护工程。

7.1.4 边坡防护工程基础埋置深度除应符合设计要求外，还应按现场情况采取必要措施保护基脚。

7.1.5 边坡防护工程的基坑应按设计要求及时回填、夯填密实，回填土顶面应向外设不小于4%的排水坡。

7.1.6 边坡防护工程所用的砂浆、混凝土应采用机械拌和。

7.1.7 边坡防护工程所用石料和混凝土、水泥砂浆的强度等级均应符合设计要求，并应符合现行行业标准《铁路混凝土工程施工质量验收标准》（TB 10424）的相关规定。

7.1.8 植物培育、植物建植和施工期养护管理应符合铁路建设绿色施工的有关规定。

7.1.9 土工合成材料性能应符合设计要求，进场验收合格后方可使用。土工合成材料运输、储存和堆放时，应注意防冻、避免阳光照射，并应保持通风、干燥和远离高温源。

7.2 植物防护

7.2.1 植物防护选用的植物种类应符合设计要求,并应符合铁路建设绿色施工相关规定。

7.2.2 植物防护施工应符合下列规定:

1 植物防护应根据植物的特性,宜安排在有利于植物萌发、生长的季节施工,避免在暴雨季节、大风和高温条件下施工。

2 植物种植前应对边坡坡面进行清理整平,清除有碍植物生长和边坡稳定的杂物、危石。坡面土质不适宜植物生长时,应在坡面上铺设一定厚度的客土,再播种植物。

3 坡面施用底肥时应以有机肥为主,均匀撒布或条施、穴施。

4 植物播种前应进行种子发芽率试验,或植株移植试验,根据试验结果确定种植密度和种植时间,在雨季来临之前形成一定的防护能力。在防护未形成一定能力时,宜采取排水和覆盖等临时保护措施。

5 植物种植和养护用水不得含有不利于植物生长的成分,宜采用回用水、河水、井水、湖水、塘水等。采用浇灌进行植物建植时,应进行浇灌工程设计,并符合现行国家标准的相关规定。

7.2.3 边坡种植草可采用撒播、喷播、铺草皮等方式,边坡种植灌木可采用栽植、插枝、点播、移植、穴植容器苗等方式。边坡植草施工工艺流程可按图7.2.3-1执行,种植灌木施工工艺流程可按图7.2.3-2执行。

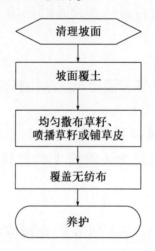

图 7.2.3-1 边坡植草施工工艺流程

7.2.4 铺草皮防护宜选用带状或块状草皮,草皮厚度不宜小于10cm。铺设施工应符合下列规定:

1 铺设应采用满铺法,草块间缝宽2cm,并填种植土。

2 边坡铺设施工应自下而上顺铺。
3 挖方边坡应铺过边坡顶部宽度并不宜小于1m，草块端部应嵌入地面。
4 草块应与坡面密贴，并用尖木（或竹）桩将其固定于边坡上。
5 草块铺设后应滚压、浇水。

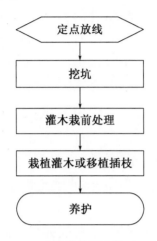

图7.2.3-2 边坡种植灌木施工工艺流程

7.2.5 分株植草宜采用点栽法，并应符合下列规定：
1 草根（茎）应理齐，每5～7株为一束，按设计株行距挖穴栽植，栽植穴宜按梅花形布置。
2 将草根植入穴内，并填入细土压实。

7.2.6 草（灌木）种子应均匀撒布在已清理好的坡面上，同时做好保护措施。草（灌木）种子播种应符合下列规定：
1 撒播法施工应采用种子与细土拌和撒播，撒播前坡面表层土应耙细耙平、浇水浸地。
2 喷播法施工应将喷播材料与草（灌木）种子按配比充分搅拌均匀，清理好的坡面应提前湿润，喷播应自下而上均匀进行。喷播时应注意风向，风雨较大时停止施工。
3 播种后应及时洒水，洒水应细密均匀，并浸透表层土。
4 洒水后可用草帘或土工合成材料覆盖以保持湿润，至发芽时撤除。

7.2.7 穴植容器苗施工应符合下列规定：
1 整平边坡坡面。
2 穴的大小和深度应大于容器。
3 浇水浸穴后，穴内底部回填5cm厚的种植土并压实，置入培育好的容器草（灌木）苗，再用种植土填平压实。
4 施工后应在当天浇透水。

7.2.8 藤本植物栽植施工应符合下列规定：
1 土壤应肥沃、疏松、排水良好，土质肥力较差时，应施入有机肥料。
2 植物栽植时应根系舒展。
3 绿化面植物不易攀附地段可用铁丝网固定。
4 攀缘能力较弱的植物，应对枝蔓进行绑扎和牵引。
5 栽植后宜对苗木进行适当的整形修剪，及时浇定根水。

7.2.9 灌木栽植施工应符合下列规定：
1 栽植坑的大小应根据灌木品种、规格及栽植地点的土壤条件确定，并应符合设计要求。
2 坑壁应直上直下，不得挖成锅底形。
3 灌木栽植坑土采用就近清除的地表种植土时，应按设计要求加入土壤改良剂、肥料等进行改良处理。
4 灌木苗栽植前应用浸泡生根水、保水剂处理，栽植时应分层填土踩实。
5 灌木苗栽植后应立即浇透定根水。

7.2.10 边坡植物栽植后应及时管护，保证植物成活和正常生长。边坡植物管护应符合下列规定：
1 发现缺苗应及时补栽。
2 管护期间应适时浇水。
3 土壤瘠薄、植物生长不良时，应加施肥料。
4 应及时防治病虫害。

7.3 客土植生防护

7.3.1 客土植生坡面施工应符合下列规定：
1 边坡应整体稳定，坡度和平整度应符合设计要求，并应清除作业面杂物及松动岩块。
2 客土厚度、酸碱度、肥力等应满足植物生长的要求，并应符合本规程第 7.2.2 条的规定。
3 客土铺填应分层压实。

7.3.2 客土植生防护采用的草和灌木应符合设计要求。

7.3.3 土工网垫客土植生防护施工应符合下列规定：
1 铺设前应整平坡面并适量洒水湿润边坡，再夯拍一层耕植类客土并整平、洒水。
2 土工网垫顺坡面铺设，铺设时应与坡面密贴，并采用长度不小于 15cm 的 L 形或 U 形钉垂直坡面固定，固定钉间距不宜大于 1.5m。

3 两块土工网垫间应搭接并不留空隙，土工网垫搭接宽度不应小于 5cm，并应在搭接处每间隔不大于 1.5m 设固定钉。

4 土工网垫铺设后应及时在网穴内均匀撒播草籽。网穴内应采用松散细颗粒种植土填满；网垫上覆盖利于草籽发芽生长的表土，并适当拍压。

5 采用喷播植草时，喷投物料应覆盖土工网垫。

6 植草成坪后应间植灌木或灌木籽。

7 土工网垫客土植生防护施工工艺流程可按图 7.3.3 执行。

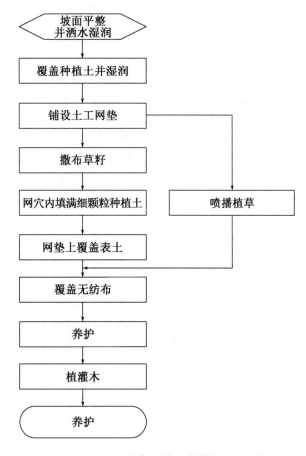

图 7.3.3 土工网垫客土植生防护施工工艺流程

条文说明

土工网垫基本性能设计无要求时，可参照下列指标：暴露状态下使用寿命不应低于 5 年，水土保持能力系数不应小于 5；30min 回弹恢复率不应低于 80%，极限抗拉强度不应低于 1.2kN/m。

7.3.4 路堤边坡采用土工网垫时，在护肩处应深入护肩下，在路堤坡脚处应设三角形封闭槽，土工网垫应埋入封闭槽底，槽内应回填土并夯击密实。

7.3.5 路堑边坡采用土工网垫时，堑顶及路堑坡脚处应设三角形封闭槽，土工网垫应埋入封闭槽底，槽内应回填土并夯击密实。

7.3.6 铺设土工网垫、覆盖土、撒草籽或喷播植草、覆盖土工布等作业时，应采取铺垫木板等措施，不得直接踩踏网面。

7.3.7 空心砖内客土植生防护时，空心砖宜采用混凝土正六边形预制件，混凝土强度、尺寸应符合设计要求。防护施工应符合下列规定：
 1 施工前应整修坡面，清除浮土，填补坑凹。
 2 无纺土工布应顺坡面展平铺设，纵横向搭接不应小于20cm。
 3 混凝土空心砖应自下而上铺设，铺设时用橡皮锤击打，使砖、无纺土工布与坡面密贴。空心砖铺设不得使用铁锤等硬物击打。
 4 空心砖内回填种植土、植草应符合本规程第7.2节的相关规定。空心砖内夯填抗风蚀材料时，抗风蚀材料的配合比、厚度及施工方法应符合设计要求。
 5 坡面底部护脚、基础浆砌片石或混凝土施工应符合本规程第7.5.3条的规定。
 6 空心砖内客土植生防护施工工艺流程可按图7.3.7执行。

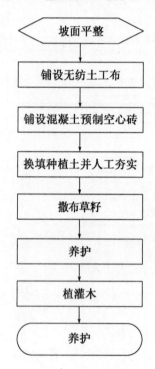

图7.3.7 空心砖内客土植生防护施工工艺流程

条文说明

无纺土工布作为反滤层用，当设计无具体要求时，参照下列指标：刺破强度和撕裂强度不应小于0.4kN，顶破强度（CBR）不应小于1.5kN，防淤堵性应符合梯度比（GR）不大于3。

7.3.8 空心砖防护起点或终点不足半块时，护坡可采用混凝土或 M7.5 浆砌片石补齐。

7.3.9 空心砖板面与坡面应密贴无空洞，板块排列整齐、平顺、无扭曲，护坡表面应平整。

7.3.10 路堤边坡采用生态袋防护时，生态袋的材料种类及规格、质量应符合设计要求。生态袋防护施工应符合下列规定：

1 清除边坡杂物、杂草并平整压实。

2 生态袋内填充适合植物生长的种植土并封口。种植土应按设计要求掺入适量有机肥和保水剂拌匀，不得采用风化岩石等材料代替种植土。

3 码砌底层生态袋时应夯实，其上交错码砌生态袋，顶部及侧面应夯拍密实。

4 码砌生态袋时应将缝袋线或扎口带的袋边朝向坡体里侧，在上下层生态袋之间应设置联结扣。若边坡设有水平铺设的土工格栅，则联结扣应与水平土工格栅相连。

5 码砌顶层生态袋时，长边方向应垂直于线路方向，将顶层生态袋夯拍密实平整后再施工挡水缘及路肩。

6 生态袋与坡面间空隙应填充种植土，生态袋坡面应平整。

7 生态袋施工完成后，设计有坡面喷播植草、插播或点播灌木时，施工应符合本规程第 7.2 节的相关规定。在生态袋上栽插灌木后应及时回填密实，并在破口处上部覆盖袋布和土体保护。

8 路堤边坡生态袋防护施工工艺流程可按图 7.3.10 执行。

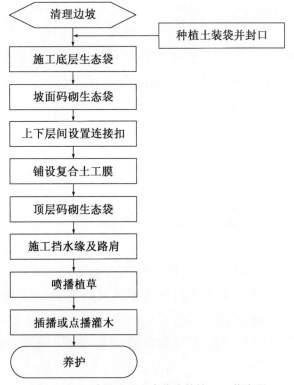

图 7.3.10　路堤边坡生态袋防护施工工艺流程

条文说明

生态袋以聚丙烯、聚酯或聚丙烯与聚酯组合物等为主要原料，采用无纺针刺工艺制成，生态袋袋口采用自锁式扎口带或缝袋线锁口。生态袋的规格、质量设计无要求时，可参考下列指标：装袋后尺寸不小于55cm×30cm×15cm；生态袋材料质量≥100g/m²，纵横向断裂强度为4.5kN/m，纵横向断裂伸长率为40%～60%，顶破强度（CBR）≥800N，撕裂强度≥180N，等效孔径O95为0.12～0.20mm；材料抗紫外线能力应满足紫外线光照500h，抗拉强度保持率不低于70%，自锁式扎口带或缝袋线应具有同样抗紫外线能力。

7.3.11 路堑边坡采用生态袋防护时，生态袋的材料种类及规格、质量应符合设计要求。生态袋防护施工应符合下列规定：

1 清理、平整坡面，清除浮土，填补凹坑。

2 坡面整修完成后，按设计要求施工坡面锚杆，锚杆间距、孔深、孔径应符合设计要求。外露锚杆与膨胀螺钉应涂刷防锈漆进行防锈处理。

3 生态袋内填充适合植物生长的种植土并封口。种植土应按设计要求掺入适量有机肥和保水剂拌匀，不得采用风化岩石等材料代替种植土。

4 生态袋应码砌稳定、坡面平整。生态袋码砌时应将缝袋线或扎口带的袋边朝向坡体里侧。

5 生态袋铺设于框架梁或窗孔式护墙内时，生态袋铺设一段时间后应检查自然沉降密实情况。若发现框格顶部铺设的生态袋出现沉降缺口，应及时填补生态袋，当沉降缺口不足一袋时，应根据现场实际情况填装相应大小生态袋。

6 生态袋铺设后，应将钢丝网顺坡面铺设并拉紧，铺平顺后固定在锚杆上，钢丝网应与生态袋面贴紧。

7 钢丝网铺设完成后，当设计有坡面喷播植草、插播或点播灌木时，施工应符合本规程第7.2节的相关规定。在生态袋上栽插灌木后应及时回填密实，并在破口上部处覆盖袋布和土体保护。

8 路堑边坡生态袋防护施工工艺流程可按图7.3.11执行。

7.3.12 路堤边坡采用植生袋防护时，植生袋的材料种类及规格、质量应符合设计要求。植生袋防护施工应符合下列规定：

1 清除边坡杂物、杂草并平整压实。

2 植生袋袋内填充适合植物生长的种植土并封口。种植土应按设计要求掺入适量有机肥拌匀，不得采用风化岩石等材料代替种植土。

3 边坡平铺植生袋，应将缝袋线的袋边朝向坡体里侧，顶部及侧面应夯拍密实。

4 骨架内平铺植生袋应稳定，不溜塌和鼓出，植生袋坡面应平整。

5 植生袋铺设一段时间后应检查自然沉降密实情况。若发现框格顶部铺设的植生袋出现沉降缺口，应及时填补植生袋，当沉降缺口不足一袋时，应根据现场实际情况填装相应大小植生袋。

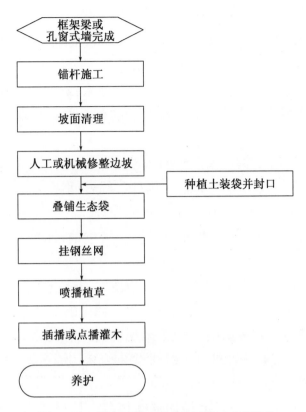

图 7.3.11 路堑边坡生态袋防护施工工艺流程

6 植生袋铺设完成后,当设计有坡面喷播植草、插播或点播灌木时,施工应符合本规程第 7.2 节的相关规定。在植生袋上栽插灌木后应及时回填密实,并在破口上部处覆盖袋布和土体保护。

7 路堤边坡植生袋防护施工工艺流程可按图 7.3.12 执行。

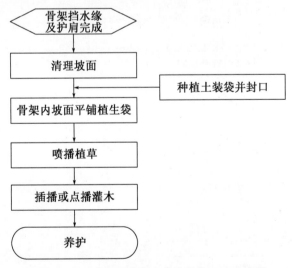

图 7.3.12 路堤边坡植生袋防护施工工艺流程

条文说明

植生袋以聚乙烯或尼龙纤维网、无纺棉纤维布、无纺土工布等为主要原料,袋体分为4层，应透水不透土，植物根茎能自由穿透袋体生长。植生袋的规格、质量设计无要求时，可参考下列指标：装袋后尺寸不小于55cm×30cm×15cm，植生袋质量≥50g/m²，植生袋使用3~5年后逐步降解。

7.3.13 路堑边坡采用植生袋防护时，植生袋的材料种类及规格、质量应符合设计要求。植生袋防护施工应符合下列规定：

1 清理、平整坡面，清除浮土，填补凹坑。

2 坡面整修完成后，按设计要求施工锚杆，锚杆间距、孔深、孔径应符合设计要求。外露锚杆与膨胀螺钉应涂刷防锈漆进行防锈处理。

3 植生袋应平铺或叠铺稳定、坡面应平整。植生铺设时应将缝袋线的袋边朝向坡体里侧。

4 植生袋每铺设3~4层后应洒水预沉。当植生袋铺设于框架梁内时，铺设完一段时间后应检查自然沉降密实情况。若发现框格顶部铺设的植生袋出现沉降缺口，应及时填补植生袋，当沉降缺口不足一袋时，应根据现场实际情况填装相应大小植生袋。

5 植生袋铺设后，应将钢丝网顺坡面铺设并拉紧，铺平顺后固定在锚杆上，钢丝网应与植生袋面贴紧。

6 钢丝网铺设完成后，当设计有坡面喷播植草、插播或点播灌木时，应符合本规程第7.2.3条的规定。在植生袋上栽插灌木后应及时回填密实，并在破口上部处覆盖袋布和土体保护。

7 路堑边坡植生袋防护施工工艺流程可按图7.3.13执行。

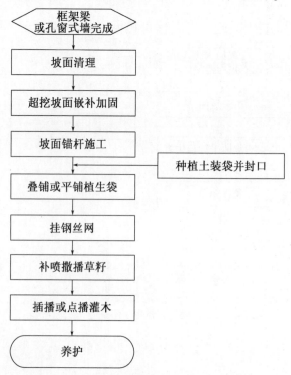

图7.3.13 路堑边坡植生袋防护施工工艺流程

7.4 喷混植生防护

7.4.1 喷混植生应选用适宜当地气候条件的草种、灌木种，并应符合设计要求。

7.4.2 喷混植生用土宜选用一般地表种植土，土壤黏砂适中。

条文说明

土壤主要指标可参考下列要求：酸碱适度（pH值6~7），有机质含量>1.5%，无杂质，无病菌、虫卵，无有害物质，无大于25mm的石块，无垃圾等。针对土壤的酸碱性和物理机能，视情况加入一定的土壤改良剂。

7.4.3 种植基材由底层种植基材和表层种植基材组成，表层种植基材中按设计要求加入草种、灌木种，其配合比应符合设计要求，应计量准确、拌和均匀，并应采用专用喷射机械施工。

条文说明

底层种植基材由种植土、肥料、保水剂、黏合剂等按一定比例配合而成，表层种植基材由草种、灌木种、种植土、肥料、保水剂、黏合剂等按一定比例配合而成。

7.4.4 喷混植生用的锚杆和镀锌钢丝网应符合设计要求，不得采用焊接钢丝网。

7.4.5 喷混植生施工应符合下列规定：

1 应清除边坡上松散或不稳定岩石并进行整平，对超、欠挖超过30cm部位，应修凿顺接或用混凝土、浆砌片石嵌补。

2 锚孔钻进成孔，孔深应比设计锚固深度深5cm，应将孔中岩粉冲洗干净。

3 插入锚杆，使锚杆处于锚孔中心，灌注水泥砂浆。锚杆外端应设置弯钩，其端部外露部分及弯钩应涂刷防锈漆。

4 挂镀锌钢丝网时，应拉紧并与锚杆用扎丝固定，网与坡面之间应采用不同厚度混凝土垫块来调节，网与坡面应保持一定距离。

5 底层种植基材应均匀喷洒在坡面上，在喷口处使用加水设备同时喷水，使得基材落在有一定潮湿度的坡面上。喷射种植基材应从正面进行，凹凸部位及死角处要补喷，喷射应均匀。

6 含草种、灌木种的表层种植基材应均匀喷射在底层种植基材上。

7 喷射完成后应及时用无纺布等对坡面进行覆盖。

8 边坡喷混植生防护施工工艺流程可按图7.4.5执行。

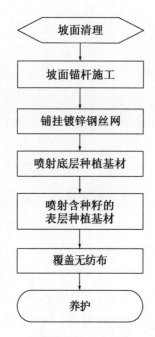

图 7.4.5 边坡喷混植生防护施工工艺流程

7.4.6 岩石边坡坡面应稳定、整平，经验收合格后方可进行喷混植生施工。

7.4.7 主锚杆和辅锚杆应按设计间距交叉布置，表层种植基材应覆盖镀锌钢丝网，覆盖厚度应符合设计要求。

7.5 骨架防护

7.5.1 骨架防护适用于缓于1∶0.75的土质和全风化的岩石边坡。当坡面受雨水冲刷严重或潮湿时，坡度应缓于1∶1。在降雨量较大且集中地区，骨架宜制作成截水沟型。

7.5.2 骨架防护边坡应按设计间距、尺寸设置踏步。踏步材料和厚度同骨架，两侧应分别设置混凝土挡水缘。

7.5.3 边坡防护基础施工应符合下列规定：
1 应测量放样基础位置。
2 基坑应分段开挖，基底应平整、夯实。基坑采用机械开挖时，底部宜预留10～20cm采用人工开挖。
3 基坑不宜暴露时间过长，开挖后应及时砌筑基础。片石质量、砂浆和混凝土强度等级应符合设计要求。

4 干砌片石铺砌时，应分层砌筑，相互交错咬接，紧密不松动，片石之间上下错缝，不得有通缝、对缝，小缝隙用碎石填满塞紧。

5 浆砌片石砌筑时，应采用挤浆法分层砌筑，砌缝应相互错开、砂浆饱满，片石应大面朝下、丁顺相间、互相咬合。

6 混凝土基础应分段浇筑，捣固密实。

7 基础与上部防护措施连接时，应整体砌筑或采取接茬措施。

8 基础周边应及时回填密实，浆砌片石和混凝土基础应及时养护。

9 边坡防护基础施工工艺流程可按图7.5.3执行。

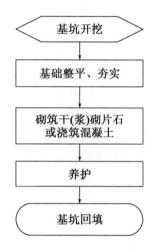

图7.5.3 边坡防护基础施工工艺流程

7.5.4 骨架防护应按设计要求设置伸缩缝，伸缩缝宜设在骨架接点处，设置踏步处伸缩缝应结合踏步设置。

7.5.5 骨架防护施工应符合下列规定：

1 清刷坡面浮土，填补凹坑，使坡面大致平整。

2 应先布置骨架位置，再测放每条骨架起讫点控制桩并挂线放样。路堤应从上到下布置，最上一级支骨架顶部距离路肩挡水缘应按0.5~1.0m布置；路堑应从下到上布置，自坡脚基础顶面开始设置骨架或主、支骨架连接点，依次向上布置。

3 人工开挖骨架沟槽，沟槽深度应满足骨架埋深要求。沟槽开挖遇到土工格栅时，应将骨架位置处的土工格栅剪断。

4 骨架浇筑（或砌筑）时应先施工骨架节点处，再施工其他部位，两骨架节点应处于同一高度。

5 骨架浇筑（或砌筑）应自下而上进行，骨架应与坡面密贴，骨架流水面平顺。

6 骨架沟槽底部应夯拍密实，骨架周边空隙应回填土并夯击密实，骨架表面应与骨架间植物防护衔接良好。

7 镶边及挡水缘应与骨架基础衔接牢固。骨架护坡采用混凝土浇筑时，挡水缘应与骨架一起浇筑；采用片石砌筑时，挡水缘采用混凝土预制，浆砌骨架施工时同时砌筑连接。

8 骨架排水槽应延长顺接至水沟，形成完整排水系统。延长排水槽基础可采用混凝土现浇或浆砌片石，两侧设挡水缘，成型后应及时进行光面处理。

9 护坡起讫点处各 0.5m 范围内应采用现浇混凝土或浆砌片石镶边加固，材料与厚度同主骨架。

10 人字形（拱形）截水骨架防护施工工艺流程可按图 7.5.5-1 执行，方格形截水骨架防护施工工艺流程可按图 7.5.5-2 执行。

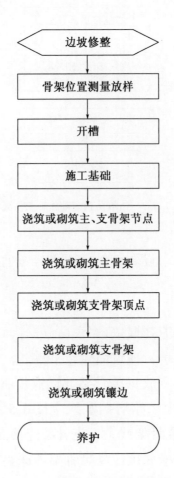

图 7.5.5-1 人字形（拱形）截水骨架防护施工工艺流程

7.5.6 骨架内采用植物防护时，植物防护施工应符合本规程第 7.2.2 条～第 7.2.6 条的规定。

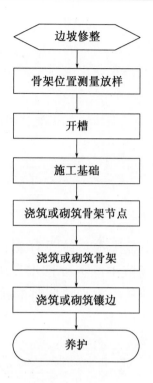

图 7.5.5-2 方格形截水骨架防护施工工艺流程

8 排水

8.1 一般规定

8.1.1 主体工程施工前，应核对排水系统设计文件，全线的沟、渠、管、桥、涵、隧等应构成完整的排水体系。站场范围的各种排水设施应协调一致，并应与自然水系、城镇规划排水、场坪排水、站内建筑排水形成完整的排水系统。发现设计与现场地形不符的，应及时按规定程序提出变更设计。

条文说明

　　排水是水土保持的一项重要措施，修建完善的排水系统可以最大限度地堵截、疏散各种来源的水，应该加强全过程管理。因此，截（排）水系统施工前应高度重视核对这一重要环节，并落实到位。

　　施工前，施工单位应详细调查、收集沿线各段的气候环境、水文地质条件、农田水利规划以及自然水系、植被等，进行系统梳理，分析排水系统的主次，遵循先主后次、先重点后辅助、先地下后地面、先排水后防护等原则，因地制宜，充分利用地形和自然水系，及时疏散、就地分流。

8.1.2 对影响主体结构稳定的地表水、地下水，应按设计要求进行截断、疏干、降低水位，引排到工程范围以外的自然排水系统中，不应形成漫流、聚集和下渗。

8.1.3 铁路建设项目施工中应按照永临结合的原则，具备条件的地段应按设计做好永久性排水工程和在施工场地附近建好临时排水设施，然后再施作主体工程。不具备条件的地段应先建好临时排水设施，永久性排水工程应与路基同步施工，并逐步成型。

条文说明

　　截（排）水系统要永临结合，根据工程特点和需要及时实施，及时完善系统，形成封闭、通畅的排水系统，主要是防止施工期间因地表水或地下水造成水土流失。

8.1.4 路基支撑渗沟、盲沟等应及时施工，并结合地下水出露情况变更位置和高程。

8.1.5 隧道施工前，应根据设计单位提供的工程及水文地质资料和现场调查结果，综合分析研究预测可能出现的地下水涌突水位置及水量，制订合理的排水方案。

8.1.6 施工生产生活场地、大型临时工程周边应设置截（排）水沟，并接入自然径流，排水能力要满足实际需求。

8.1.7 膨胀土地基上、黄土地区的天沟、截（排）水沟应随挖随砌，铺砌应及时完成。

8.1.8 排水系统径路区域地基应处于长期稳定的地基上，基底应密实、平整，且无草皮、树根等杂物，无积水。沟底基础位于人工填土层时，应按设计要求进行夯实。

8.1.9 排水设施的施工顺序应从下游到上游，沟底应平整，排水畅通，无冲刷和积水现象。

8.1.10 施工中不得任意破坏地表植被、堵塞水流通道。各类排水设施均应及时维修和清理，保持排水畅通。

8.1.11 排水设施混凝土预制件应采用工厂（场）化生产，砌筑用水泥砂浆或浇筑用混凝土应采用砂浆或混凝土搅拌机拌和，不得人工拌和。水泥砂浆配合比应通过试验确定。水泥砂浆和混凝土强度应满足设计要求。

8.2 路基排水

8.2.1 路基排水包括路基地表排水、地下排水、横向排水、路堑坡体排水和过渡段排水。

8.2.2 路基地面排水系统施工应符合下列规定：
1 区间路基排水沟应及时施作，就近与既有排水构筑物顺接，并在排水设施施工期间设置临时水沟，保证排水畅通。
2 路堑施工前应先按设计做好堑顶截、排水。当堑顶为土质或有软弱夹层的岩石时，天沟应及时铺砌或采取其他防渗措施。
3 开挖区、填筑区应保持排水系统畅通，临时排水设施宜与永久性排水设施相结合，并与原有排水系统相适应。
4 排水不应损害路基及附近建筑物地基、道路和农田，并不应引起淤积和冲刷。
5 地下水发育路堑施工过程中，开挖表面应设排水坡。

8.2.3 路基地面排水沟、排水天沟、截水沟施工应符合以下规定：

1 天沟、排水沟靠山侧沟壁不应高出地面，沟顶与地面必须顺接，沟底纵坡不应小于设计坡度，不得反坡。天沟不应向路堑侧沟排水，受地形限制需排入侧沟时，应与急流槽衔接。

2 排入自然沟渠的天沟、排水沟末端应设置消能、沉淀设施，避免集中水流对地表冲蚀。

3 截水沟的出水口应按设计要求采取加固措施，防止水流下渗和冲刷。

4 边坡平台截水沟排水应引入相邻排水设施中。急流槽、边坡平台截水沟应随路基防护圬工同步砌筑。

5 各类排水设施的位置、断面尺寸、排水坡度、高程应符合设计要求。沟渠边坡应平整稳定。

6 预制构件砌筑时，应先用水泥砂浆找平沟底，再将预制构件砌筑平稳，砌缝应嵌缝饱满、密实，勾缝平顺无脱落，缝宽大体一致，线形美观，直线顺直，曲线圆滑。沟背应夯填密实，沟顶面与路基坡脚或其他结构物之间地面应整平，并应形成不小于2%的排水坡面。

7 沉降缝（伸缩缝）的填塞材料、填塞方式、纵向间距应符合设计要求，具体位置宜结合现场地质及实际情况设置。

8.2.4 路基地下排水施工应符合下列规定：

1 地下排水沟的排水孔应在冻结深度以下不小于0.25m处。沟底宜埋入隔水层内不小于0.5m处，其设计位置、沟底高程、结构尺寸、沟底排水纵坡应符合设计要求，沟底基础应按照设计要求处理，沟底砌体平整、排水畅通。

2 地下排水沟采用混凝土浇筑时，排水沟应在与含水地层相接触的侧壁设置一排或多排向沟中倾斜的渗水孔，沟壁最下面一排渗水孔的底部宜高出沟底不小于0.2m。

3 地下排水沟、渗水盲沟内用作排水和渗水的填充料应符合设计要求，在使用前必须筛选和清洗，级配合理。

4 地下排水设施应与路基排水沟、自然水系沟渠协调连接，形成完整的排水系统。

8.2.5 渗水盲沟采用渗水管时，施工应符合下列规定：

1 沟槽采用人工配合机械开挖，硬质岩石地段应采用预裂爆破或光面爆破，软质岩石和土质宜采用机械挖槽。

2 开挖自下游向上游进行。土质地段采用机械开挖至沟槽底时，预留0.1~0.2m采用人工开挖。石质地段开挖时，应先爆破或机械松动后再人工整形。沟槽开挖两侧壁应平顺，基础表面应平整，不得反坡。

3 浇筑铺底混凝土收面时，应挂线控制坡度。强度达到70%后，方可铺设透水性土工布，铺设应绷紧、抻平，不应褶皱、损坏。

4 渗水管采用承插式钢筋混凝土花管或PVC花管。钢筋混凝土花管接头应使用水泥砂浆填抹接缝，聚氯乙烯（PVC）花管采用专用接头和专用胶水进行连接。

5 渗水管固定后，沟槽内按设计回填渗水料。管周及管顶以上0.3m范围内松填，0.3m以上应分层轻振夯实。

6 沟顶应按设计及时回填，防止长时间暴晒土工布。

7 渗水盲管的出水口应设置端墙，出水口管底距排水沟沟底的高度不宜小于0.2m。

8 渗水盲沟沿沟槽每隔10~15m或当沟槽通过软硬岩层分界处应设置沉降缝（伸缩缝），其填塞材料、填塞方式应符合设计要求。

9 渗水盲管施工工艺流程可按图8.2.5执行。

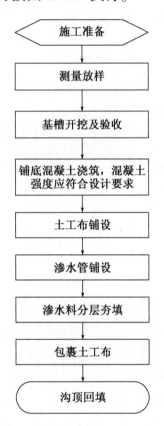

图8.2.5 渗水盲管施工工艺流程

8.2.6 渗水盲沟检查井施工应符合下列规定：

1 开挖基坑，铺设混凝土垫层。
2 浇筑清淤池底板混凝土。
3 浇筑清淤池井壁混凝土。
4 浇筑井筒、井圈混凝土，达到规定强度后安装井盖。
5 检查井清淤池井壁混凝土的浇筑应与渗水管、沟同时施工，管、沟与检查井连接应密封，防止渗漏。
6 渗水盲沟检查井施工工艺流程可按图8.2.6执行。

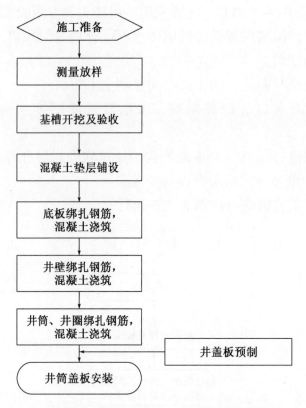

图 8.2.6 渗水盲沟检查井施工工艺流程

8.2.7 路堑边坡地下水位较高或无固定含水层时,应按设计要求设置支撑渗沟。支撑渗沟施工应符合下列规定:

1 沟槽采用人工配合机械开挖。土质地段采用机械开挖至沟槽底时,预留0.1~0.2m采用人工开挖。石质地段开挖时,应先爆破或机械松动后再人工整形。

2 不透水土工布应铺入沟槽,紧贴底面,略有松弛,其上按设计施作圬工。

3 反滤层采用人工填筑,随排水层分层同步施工。采用两种粒径的集料时,不得混填。

4 排水层采用浆砌片石或充填较粗碎石时,每层施工厚度不宜超过0.3m。

5 渗沟顶面封闭层采用干砌片石时,石块应交错咬搭,用碎石填充空隙。

6 支撑渗沟施工工艺流程可按图8.2.7执行。

8.2.8 路基横向排水宜采用预埋管道方案。预制或现浇混凝土横向排水沟施工应符合本规程第8.2.3条的规定。

条文说明

路堤横向排水设施主要应用于铁路车站和无砟轨道排水。车站内股道多,路基面锯齿形、道岔区轨道长度及连接多样的特点,导致纵向排水沟的水很难排出路基外,需设置横向排水沟。无砟轨道线间积水也需设置横向排水。

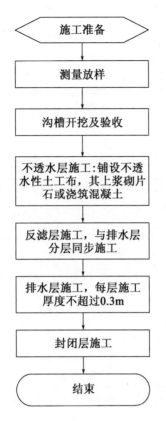

图 8.2.7 支撑渗沟施工工艺流程

8.2.9 路基横向排水管道预埋施工应符合下列规定：

1 横向管道预埋位置应符合设计要求，排水坡度不小于设计值。横向排水管应设置连接排水槽与路基纵向排水系统相衔接。

2 预埋管道应采用开槽方式，在路堤基床底层填筑完成后，开槽至设计深度，开挖后整平槽底面。

3 横向排水管品种、规格、质量应符合设计要求，每处排水管应采用整根通长的管材，避免中间接缝引起渗漏。

4 安放横向排水管前，管底应先浇筑混凝土找平层，排水管周边应浇筑混凝土，混凝土浇筑与路基基床底层顶面齐平，待混凝土强度满足要求后，再继续填筑基床表层。

条文说明

排水管出口需做好衔接，对于路堑地段需接入侧沟内。对于带骨架护坡的路基地段，需调整主骨架位置，确保与骨架排水通道连接；有挡土墙地段，排水管需设置弯头，将水排入挡土墙落水斗内，再通过挡土墙泄水孔排出；其他地段于边坡上宜设高0.2m、宽0.5m的混凝土排水槽，引水至侧面排水沟内。

8.2.10 管道入水口集水井施工应在路堤基床表层施工完成后进行，集水井施工应符合下列规定：

1 集水井可用机械或人工开挖成孔，并与横向排水管连通，开挖时不应损坏横向排水管。

2 集水井井底、井壁混凝土应现浇施工。集水井与横向排水管连接应严密不渗漏。

3 集水井井底高程应低于横向排水管管底高程 0.2m，浇筑集水井井底混凝土时与横向排水管管底平齐。

4 集水井井底混凝土浇筑完成并终凝后，应将井底与井壁结合部位的混凝土凿毛。

5 集水井井壁混凝土浇筑完成并初凝后，应按设计位置将井座安装并嵌入井身混凝土中，整平集水井顶面。井身混凝土达到设计强度后，安装井口排水篦子。

6 集水井混凝土强度等级、结构尺寸以及与横向排水管的连接应符合设计要求。

8.2.11 路基横向排水管出口应安插在路堤边坡防护骨架排水槽的中部或路堑侧沟内，并与路基排水同步施工，使路基横向排水与路堑边坡排水、路基排水沟、侧沟形成完整的排水系统。

8.2.12 路基过渡段排水施工应符合下列规定：

1 桥台背软式透水管及无砂混凝土渗水板的品种、规格、质量应符合设计要求。软式透水管混凝土基础、无砂混凝土渗水板基础采用预制，其质量应符合设计要求，平均渗透系数应大于 2000m/d。

2 软式透水管采用开槽埋设，在过渡段填筑面高于砂混凝土渗水板基础最高处 0.2m 后，从压实的过渡段填筑层开槽至桥台基坑顶面，并整平、夯实槽底，槽底的排水纵坡不应小于设计值。

3 软式透水管混凝土基础安装前应在槽底用混凝土垫层找平、调整排水坡，再安装软式透水管混凝土基础、软式透水管、无砂混凝土渗水板基础，软式透水管在基础中应安装平顺、无损坏。

4 无砂混凝土渗水板基础安装完成后，在其上随过渡段填筑无砂混凝土渗水板，并应紧贴桥台背。过渡段填筑时，靠近软式透水管座和渗水墙处应用小型压实机具压实，不得损坏软式透水管和无砂混凝土渗水板。

8.2.13 路堤与路堑过渡段横向排水设置应符合设计要求，施工应符合本规程第 8.2.4 条～第 8.2.7 条的规定，其横向排水应设置连接排水槽与路堤坡脚排水沟衔接。

8.3 隧道排水

8.3.1 隧道及辅助通道边仰坡开挖前应施作洞顶截（排）水沟。截（排）水沟施工应符合本规程第 8.2.3 条的规定。

8.3.2 隧道覆盖层较薄或地表水可能渗入隧道时，施工前应对地表、积水、坑洼进行处理，并符合下列规定：

1 洞口附近或浅埋隧道应整平地表，不得积水。
2 地表坑洼、钻孔、深坑处，应回填形成不透水层。
3 洞顶有流水沟槽时，宜予以引排或沟底铺砌。
4 洞顶有水塘、河流、水库时，应按设计予以整治，必要时对水底进行防渗铺砌，不得随意将水源引入隧道排水系统进行排泄。
5 溢水水池应设置疏导沟渠。
6 地下水位较高或有涌水时，可地表注浆加固。

8.3.3 隧道洞内的施工排水应符合下列规定：

1 顺坡排水沟断面应满足排水需求，围岩破碎松软地段应铺砌或使用管槽。
2 反坡应合理设置集水坑接力抽出洞外。
3 隧底水流应设置横向排水沟引入侧沟。
4 利用辅助通道排水时，应根据排量设置排水沟。

8.3.4 隧道水沟施工应于隧道衬砌同步进行，水沟结构形式、位置、断面尺寸、沟底高程、纵向坡度等应符合设计要求。

8.3.5 泄水洞的设置应根据水源方向、流量大小等因素，合理选择位置、方向、断面及坡度等。泄水洞开挖时不得封堵水源，超前预注浆应控制注浆量，不得封堵水源通道。泄水洞衬砌应留有足够的泄水孔，必要时增加导坑或导水管将正洞的水引入泄水洞。

8.3.6 隧道注浆防水施工应根据水文地质情况、开挖支护方式、相邻隧道的相互影响、地表环境要求、水资源保护等制订注浆防水方案，根据不同情况可选择下列方案：

1 掌子面前方存在较高水压的富水区，具有较大可能、较大规模的涌水、突水且围岩结构软弱，自稳能力差，开挖后可能导致掌子面失稳而诱发突泥突水，宜采用全断面帷幕注浆或周边注浆。
2 掌子面前方围岩基本稳定，但局部存在一定的水流，开挖后可能导致掌子面大量渗漏水而无法施作初期支护时，宜采用超前局部注浆。
3 围岩有一定自稳能力，开挖后水压和水量较小，但出水量超过设计允许排放量时，宜采用径向注浆。

8.3.7 隧道注浆防水施工应符合下列要求：

1 根据地下水情况、防水范围、设备性能、浆液扩散半径和对注浆液防水效果的要求等综合因素确定注浆孔数、布孔方式及钻孔角度。

2 采用全断面帷幕注浆时，注浆初始循环应根据水压、水量、地层完整性及设计压力确定止浆墙的形式，并设置孔口管。

3 预注浆段的长度应视具体情况合理确定，掘进时应保留足够的止水岩盘厚度。

4 注浆压力应根据水文地质条件合理确定，宜比静水压力大 0.5～1.5MPa。

5 钻孔注浆顺序应由下往上、由少水处到多水处、隔孔钻注。

6 预注浆检查孔的渗水量应小于设计允许值，浆液固结达到设计强度后方可开挖。径向注浆结束后应达到设计规定的允许渗漏量。

7 注浆防水宜根据工程地质和水文地质情况、注浆工艺和设备等因素，考虑浆液的流动性、可注性和稳定性等，并结合经济性选择采用水泥浆液、超细水泥浆、水泥—水玻璃浆液等材料。

8.4 桥涵及改河工程排水

8.4.1 桥台施工前，与路基、隧道衔接处的排水沟应及时施作，并与天然沟渠衔接，不应冲刷桥台锥坡。排水沟施工应符合本规程第 8.2.3 条的规定。

8.4.2 桥面排水设施应部件齐全、固定牢固、无漏水。泄水管出水口应与地面排水系统顺接，无冲刷现象。

8.4.3 当桥梁跨越Ⅱ类水体时，为了防止Ⅱ类水体受到污染，必须在桥梁上设置桥面径流水收集系统，并在桥梁两侧远离水体的位置设置沉淀池，桥面径流水由收集系统排至桥下沉淀池统一处理，防止造成水体污染。

条文说明

依据地表水水域环境功能和保护目标，按功能高低依次划分为5类，其中，Ⅱ类主要适用于集中式生活饮用水地表水源地一级保护区、珍稀水生生物栖息地、鱼虾类产场、仔稚幼鱼的索饵场等。

8.4.4 涵洞出路基后，应与自然沟渠、道路顺接。

8.4.5 涵洞与路基排水沟衔接处的沟底高程不应低于涵洞流水面高程。

8.4.6 涵洞上游进口水落差较大时，应设置消能装置及拦沙坝，防止冲刷及泥沙冲进涵渠，淤积堵塞涵渠。

8.4.7 河道、沟渠防冲刷、防淤积工程施工应符合下列规定：
1 线路通过河道、冲沟、灌渠等地段时，桥头路基、桥台不得侵占河道及沟渠。

2 桥台、桥墩阻水冲刷加剧两岸岸坡侵蚀时，应对被侵蚀段采取铺砌、顺接水流等工程措施。
3 单孔桥涵不得压缩河道及沟渠过水断面。

8.4.8 改河工程应编制专项施工方案，并应经过河道管理部门批准后实施。

8.4.9 改河工程施工过程中应尽量减少改移天然河道，改河工程的流水断面不得小于原有河道的过水断面。临时改河工程应在施工完毕后及时按批准的施工方案进行原河道恢复。

8.4.10 改河工程应按设计要求施作铺砌和河堤防护。

8.5 站场及站房排水

8.5.1 排水系统设施应完整且排水通畅。排水系统相互交接、连接处应顺接紧密，无壅水、漏水。

8.5.2 地道地面排水坡度应满足排水要求，地面无积水；地道排水暗沟的断面大小和坡度应符合设计要求，并与车站排水系统连接顺畅。

8.5.3 天桥落水斗及落水管进口应与棚盖连接紧密、不漏水，落水管上下管节应连接紧密，承插方向应正确，排水暗槽通畅。

8.5.4 站台施工前，应制订相应的取（弃）土方案和控制水土保持措施，做好临时排水，确保站台施工过程中排水通畅，施工作业面不积水。

8.5.5 雨棚排水暗沟（管）位置和规格应符合设计要求，做到接头严密、排水顺畅。

8.5.6 栅栏和围墙施工时应根据地形预留排水口，不得阻断或影响场地雨水的正常排放。

8.6 临时工程排水

8.6.1 大型临时工程排水系统施工应符合以下规定：
1 铁路大型临时工程产生的各类生产、生活污水不得排入水源保护区；排入其他水体时，应根据受纳水体功能，经处理达标后按规定排放。

2 铁路大型临时工程施工前应制订相应的水土保持措施方案，施作临时排水设施，并尽量做到永临结合。

3 铁路大型临时工程合理安排工序，力求挖填平衡，尽量缩短施工周期，减少疏松地面的裸露时间，防止水土流失。

4 基坑开挖宜避开雨季，如无法避开，施工时应及时了解雨情，做好大雨前的防护措施，避免易受侵蚀或新填挖的裸露面受到雨水的直接冲刷。

5 铁路大型临时工程顶面应根据周边地形情况设置不小于2%的排水坡，确保大型临时工程顶面排水通畅。

6 铁路大型临时工程施工场地周边应设置排水沟，其下游出水口应设置临时沉淀池。

7 铁路大型临时工程排水沟等排水系统应符合设计要求，挡护结构混凝土应密实，沉降缝整齐垂直，排水顺畅，无淤积阻塞。

9 植物措施

9.1 一般规定

9.1.1 铁路建设项目应对路基、桥梁、隧道、站区地段及其他有关场地采取植物措施。项目涉及城镇、饮用水源保护区和风景名胜区等敏感区时，绿化标准应提高。

9.1.2 植物措施不得影响行车和铁路设备安全，位置与方式应符合设计要求。

9.1.3 植物措施施工包括植物培育、植物建植和施工期管护三个阶段，应符合本规程第7.1.8条的规定。

9.1.4 植物措施施工应根据植物特性，因地制宜选择建植时期，植物品种、规格、质量和栽植的行距、株距应符合设计要求。

9.1.5 浇灌设施应在植物建植前完成，并与路基、桥梁、隧道及站区等工程协调施工。

9.1.6 植物建植的坡（地）面、地面应平整、密实、湿润，铺种植物后，应加强养护管理，施工期管护不应少于一个植物生长周期。

9.1.7 施工前应编制专项施工组织设计，明确植被防护的建植时期、建植方式，处理好与主体工程的工序关系。

条文说明

施工组织设计主要包括下列内容：编制施工组织设计的依据；施工方案、程序和进度计划；施工人员、机械和材料计划；施工、养护质量保证措施和安全措施；施工组织设计平面图和土壤分类、性质分布图；既有线施工安全措施；管护期措施。

9.1.8 采用的苗木和种子应有检疫合格证明，引进植物的品种应有生态环境评估报告，其质量应符合下列规定：

1　播种用的草籽、地被植物种子应注明品种、品系、产地、生产单位、采收年份、纯净度及发芽率，不得有病虫害。
　　2　植株应已木质化、根系发达、茎干苗壮、冠形完整，常绿树叶色正常。染有病虫害、遭受冻害、有霉烂和机械性损伤的苗木不得使用。
　　3　苗植灌木、丛生灌木的高度不应小于0.5m，且丛生灌木枝条不应小于3根。
　　4　乔木胸径应大于3cm，干旱、风沙地区或机械种植可因地制宜使用小苗或截干种植。使用小苗绿化时，应采用一级苗或健全的二级苗。常绿树苗应带土球种植，成活率低的落叶树种苗木宜带土球种植，土球直径宜为胸径的8～10倍。
　　5　用于绿篱的树型应丰满，针叶常绿苗高度不宜小于1.2m，阔叶常绿苗高度不宜小于0.5m。

9.1.9　灌草播种前应进行种子发芽率试验，结合岩土性质、边坡坡度、种子发芽率、千粒重、设计覆盖率和成活率等确定播种种子用量。灌草结合时，灌木种子的比率不宜小于30%。种子皮厚、休眠期长，不宜发芽或发芽迟缓需处理后播种的种子应进行催芽处理。

9.1.10　植物培育应符合下列规定：
　　1　应根据植物类型、施工组织要求等，合理确定育苗时机，有条件时宜提前安排。
　　2　宜根据植物类型、用量、项目特点及长远规划设置必要的育苗基地。育苗基地应充分利用既有铁路苗圃，也可选择在站场、大型场坪或临时征地育苗。
　　3　育苗技术应符合铁路林业技术管理的相关规定。
　　4　苗木宜随起随种，运输、装卸时应避免损伤苗木。起挖的苗木因故不能及时栽植时，应进行临时假植。
　　5　苗木种植前宜进行修剪。

9.1.11　植物措施施工前应对地表进行整理，清除大于5cm直径的石块、棍棒、垃圾等杂物，避免局部集水与高丘缺水干旱。视现场情况确定适宜的整地方式，同时应尽可能地保留原有植被。

9.1.12　种植土壤应满足植物生长条件，并应符合下列规定：
　　1　种植土主要为工程建设初期搜集的沿线及附近的表土，土壤砂黏适中，酸碱适度（pH值6～7），有机质含量大于1.5%，不得使用建筑垃圾、盐碱土、重黏土及含有其他有害成分的土壤。
　　2　就地改土，利用当地农家肥，促进生土熟化。
　　3　换土应换肥沃的种植土或沙质土，土壤贫瘠地段，换土与施底肥应结合进行。施底肥时应以有机肥为主，均匀撒布或条施、穴施。
　　4　在以上方式无法满足苗木存活率情况下，可考虑外购种植土，外购土应安排合理运输路线，分块堆置，合理安排堆放方量，减少或避免二次运输。

5 栽植前应进行以控制土壤传播病菌、防治地下虫害及在土壤中越冬的虫害为主的杀菌灭虫处理。

6 边坡种植土层厚度不应小于20cm，平台处根据整地方式确定回填种植土厚度。

9.1.13 灌木、乔木种植密度应符合下列规定：

1 土壤瘠薄、慢生树种、小苗造林、成活条件较差时应密植，灌木的排、株距应不小于0.5m×0.3m；乔木应不小于0.75m×0.75m。

2 土壤肥沃、速生树种、大苗造林、机械抚育、成活条件较好时应稀植，灌木的排、株距应不小于2m×1m；乔木应不小于2m×4m。

3 一般地区可采用常规方法种植，石质较多地区可采取容器育苗带土移栽方式。

9.1.14 防火隔离带应符合设计规定。

9.1.15 乔木栽植应符合下列规定：

1 苗木栽植应保证树体端正，并将常绿树树形好的一面作为主要观赏面。

2 入土深度应根据苗木种类、立地条件等确定。

3 苗木入坑前应先将表土填入坑穴，栽植时应分层填土踏实。

4 带土球苗木栽植时应剪开和取出土球包装物。

5 苗木栽好后，应在树穴周围筑成高15~20cm、内径大于树穴直径的土围。

6 苗木定植后应浇水，并用细土封堰。

7 宜对新植树木设置支柱及保护器，并适当修剪树枝。

9.1.16 大树移植应符合下列规定：

1 装运过程中，应捆拢树冠，固定树干，不得损伤树皮和损坏土球。

2 吊放种植穴后应拆除包装，并分层夯实填土。

3 移植后应设立支撑。

4 大树移植两年内应做好修剪、剥芽、喷雾、叶面施肥、浇水、排水、设置风障、荫棚、包裹树干、防寒和病虫害防治等养护管理工作，在确认大树成活后，方可进入正常养护管理。

9.1.17 绿化林管护应符合下列规定：

1 缺株、成活率达不到设计要求的地段，应选择相同品种、规格稍大的苗木补植。

2 土壤管理的范围、时间、次数，应根据林种、种植地段和方法确定。

3 林木种植后，天气干旱应及时浇水，雨季和多雨地区应有排水措施。

4 土壤贫瘠的地段，应根据树木的生物学特征、生长情况、土壤贫瘠程度以及气候等因素，确定施肥量和施肥次数。

5 树木整形或修剪宜在树木休眠期进行。
6 易受日灼伤害和冻害的树木，应采取根基培土、主干包扎等防护措施。
7 倒伏、倾斜的树木应及时扶正和加固。
8 制订林木防火措施。
9 及时防治病虫害。

9.2 桥梁及隧道地段

9.2.1 桥梁地段植物措施施工范围应包括桥下用地界内及适宜绿化的桥台锥体边坡，隧道地段植被防护范围应包括隧道洞口边、仰坡及明洞顶部等。

9.2.2 桥梁、隧道地段植物措施应与周边环境协调，并符合设计要求。

9.2.3 桥梁地段植物措施应考虑维修通道、救援通道、地方道路等设置的要求。维修、救援通道范围内宜植草；桥下绿化应以植草为主，两侧宜种植灌木。

9.2.4 土地平整结束后，桥下可撒播草籽绿化空地，以品种适应性强、生长快、固土性强的树种为主。

9.2.5 隧道明挖施工的地段，回填后应进行植物措施施工。

9.2.6 隧道进洞前，应先按设计施作天沟等截（排）水设施和洞口边、仰坡防护工程，并及时进行植物措施施工。

9.2.7 对其他凡可进行绿化的地点均进行临时种植花草树木，并由专人挂牌维护管理，增加现场美观。

9.3 路基地段

9.3.1 路基地段植物措施施工范围应包括铁路用地界内路基边坡、路堤坡脚和路堑堑顶外线路绿化。

9.3.2 路基植物措施施工应符合下列规定：
1 路基边坡植物措施施工应符合本规程第7.2.3条的规定。
2 边坡灌木作业顺序是由路基底部沿坡面倒退向上，完成一行再进行下一行，依次栽植灌木。
3 路堤坡脚平台、路堑堑顶外植物措施施工流程可按图9.3.2执行。

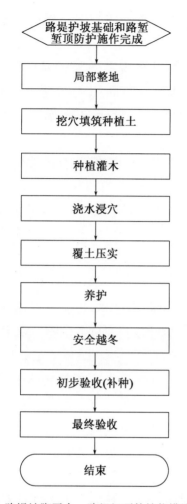

图 9.3.2 路堤坡脚平台、路堑堑顶外植物措施施工流程

4 路堤坡脚平台栽植灌木时应与主骨架排水槽错开。

5 撒播草籽应均匀落入坡面，与土壤充分接触，并及时覆盖表土、适当拍压。

6 移植的草皮应与坡面钉合牢固，表面平整。

7 所有种植穴（含路堑绿化槽）应使用合格的种植土回填。

9.4 站区地段

9.4.1 站区植物措施施工范围应包括车站办公区、生产区。

9.4.2 站区应进行园林绿化，结合建筑设施布局，用乔、灌、花、草立体综合配置，做到点、线、面相结合，充分利用可绿化空间，并与周围环境相协调。

9.4.3 植物配植形式应考虑不同的绿化功能要求，按照设计要求采用孤植、对植、列植、丛植、林带、绿篱、棚架、垂直绿化、树坛、花坛、草坪、盆栽等各种形式。

9.4.4 速成绿化或补植缺株时，宜采用大树移植的方法。

9.4.5 办公区绿化植物可选用具有观赏效果的常绿灌木、乔木和花卉。生产区的绿化树种宜选择枝叶茂密、分枝低矮、叶面积大的灌木、乔木，栽植方式应以常绿、阔叶、落叶树木组成复合混交林带和枝叶密接的绿墙。

9.4.6 道路交叉口和转弯处绿化时，应保证有足够的瞭望视野。

9.4.7 站区栅栏和围墙宜采用藤本植物覆盖，也可采用高绿篱替代。

9.5 其他场地

9.5.1 其他场地范围包括不能退耕的取土场、弃渣场，有绿化要求的制（存）梁场、铺轨基地、轨道板预制场、拌和站、临时道路、施工运输通道等。

9.5.2 其他场地植物措施施工应满足水土保持要求，并与周边环境相协调。

9.5.3 平缓地植物措施施工应符合下列规定：
1 扰动平缓地主要应包括地面坡度5°以下的弃渣场、取料场、裸露地等平缓区域。
2 应根据地块土地恢复利用方向，确定相应植物措施类型以及需要的覆土厚度。
3 应在土地整治基础上确定整地方式、方法和林草种植方法。以土为主的地块应全面整地，直接种植林草。以碎石为主的地块，且无覆土条件时，可采用穴状整地方式进行带土球苗、客土或容器苗造林；土壤来源困难的，可对植树穴填注塘泥、岩石风化物等；砂页岩、泥页岩等强风化地块，宜采取提前整地等加速风化措施，直接种植林草。
4 开挖形成的裸岩地块，无覆土条件时，可采取爆破整地、形成植树穴并采用带土球苗、容器苗、客土造林，或填注塘泥岩石风化物等造林。
5 成片造林的宜采取混交方式，包括行状、带状、块状和植生组混交。
6 有积水和盐渍化问题的地块，应选择耐水湿树种；靠近水系的，可结合周边景观选择耐水湿的景观植物。
7 恢复为草地的，疏松土质地块可采用播种或铺草皮；密实土质地块可采取穴植（播）法；风沙地块应再结合防风固沙措施播种。
8 造林密度及整地规格应符合现行国家标准《生态公益林建设 技术规程》（GB/T 18337.3）的有关规定。干旱、半干旱与半湿润整地规格宜通过林木需水量确定整地蓄水容积。南方地区应视降水量确定整地方式，宜采用穴状、竹节壕等形式整地。

9.5.4 一般边坡植物措施施工应符合下列规定：

1 一般边坡主要包括弃渣场、取料场、裸露地等地面坡度为5°~45°的各类边坡。

2 应选择速生乔、灌木树种，攀缘植物或低矮匍匐型草种。

3 土壤母质层较厚的采挖坡面、土质填埋坡面和覆土坡面，可采用鱼鳞坑、反坡梯田、水平阶及水平沟整地。有抗旱拦蓄要求的，整地应满足林木生长需水要求。

4 应根据边坡的坡度、坡向、土层厚度等条件，采用乔、灌、草或其组合的防护措施，种植条件差的可采用藤本植物护坡。

5 常用坡面植物防护形式及其适用条件应符合表9.5.4的规定。

表 9.5.4 坡面植物防护形式及其适用条件

防护形式	适用条件
种植灌草或喷播种草、灌木	土质边坡；边坡坡度不陡于1:1.25
栽植灌木	土质、软质岩和强风化、全风化硬质岩石边坡；边坡坡度不陡于1:1.5
植生带植草、灌木	砂类土或碎石类土边坡、全风化硬质岩石边坡或弱风化软质岩边坡；边坡坡度小于1:1
植生袋植草、灌木	砂类土或碎石类土边坡、硬质岩边坡或弱风化软质岩边坡、盐碱地边坡；边坡坡度小于1:0.75
喷混植生	漂石土、块石土、卵石土、碎石土、粗粒土和强风化、弱风化的岩石路堑边坡；边坡坡度不陡于1:0.75
客土植生	漂石土、块石土、卵石土、碎石土、粗粒土和强风化的软质岩及强风化、全风化、土壤较少的硬质岩石路堑边坡，或由弃渣填筑的路堤边坡；边坡坡度不陡于1:1

9.5.5 高陡边坡植物措施施工应符合下列规定：

1 高陡边坡包括取料场、裸露地和工程开挖砌筑形成的45°~70°的边坡。

2 高陡边坡宜采取客土绿化、喷播绿化、生态植生袋等林草措施。

3 客土绿化措施适用于我国大部分地区，干旱地区应配套灌溉设施。常用坡面客土绿化技术应用条件应符合表9.5.5-1的规定。

表 9.5.5-1 坡面客土绿化技术应用条件

防护形式	适用范围			绿化方向	技术特点
	边坡类型	坡比	高度		
格状框条	泥岩、灰岩、砂岩等岩质边坡，以及土质或沙土质道路边坡，堤坡、坝坡等稳定边坡	<1:1	<10m	播种草灌、铺植草皮	框格内客土栽植
小平台或沟穴修整种植	土质边坡、风化岩石或沙质边坡	<1:0.5	8m开阶	乔、灌、攀缘植物，下垂灌木（浅根、耐干旱贫瘠）	人工开阶，客土栽植

表 9.5.5-1（续）

防护形式	适用范围			绿化方向	技术特点
	边坡类型	坡比	高度		
开凿植生槽	稳定的石壁	<1:0.35	10m开阶	灌、攀缘植物，下垂灌木，小乔木	植生槽规格长1~2m、宽0.4m、深0.4~0.6m、客土栽植
混凝土延伸植生槽	稳定的石壁	<1:0.35	10m开阶	乔、灌、攀缘植物，下垂灌木	植生槽规格长1~2m、宽0.4m、深0.4~0.6m、客土栽植
钢筋混凝土框架	浅层稳定性差且难以绿化的高陡岩坡和贫瘠土坡	<1:0.5	—	植草	框格内客土栽植

注：高陡边坡不宜种植乔木。

4 喷播绿化措施主要适用于800mm降水量以上地区，以及具备持续供给养护用水能力的其他地区。播种绿化技术应用条件应符合表9.5.5-2的规定。

表 9.5.5-2 喷播绿化技术应用条件

技术名称	适用范围			绿化方向	技术特点
	边坡类型	坡度	高度（m）		
喷播植草	土质路堤边坡、处理后的土石混合路堤边坡、土质路堑边坡等稳定边坡	1:1.5	<10	草/草灌	喷播按设计比例配合草种、木纤维、保水剂、黏合剂、肥料、染色剂及水的混合物料
直接挂网+喷播植草	石壁	<1:1.2	<10	草/草灌	将各种织物的网（如土工网、麻网、铁丝网等）固定到石壁上，后水力喷播植草
挂高强度钢网+喷播植草	石壁	1:1.2~1:0.35	<10	草/草灌	网下喷一层厚度为50~100mm的混凝土作为填层；后水力喷播植草
厚层基材喷射植被护坡	适用于无植物生长所需的土壤环境，也无法供给植物生长所需的水分和养分的坡面	>1:0.5	<10	草/草灌	首先喷射不含种子的基材混合物，然后喷含种子的基材混合物，含种子层厚度为20mm。基材混合物为绿化基材、纤维、种植土及混合植被种子按设计比例与混凝土的混合物

表 9.5.5-2（续）

技术名称	适用范围			绿化方向	技术特点
	边坡类型	坡度	高度（m）		
钢筋混凝土框架+厚层基材喷射植被护坡	浅层稳定性差且难以绿化的高陡岩坡和贫瘠土坡	>1:0.5	<10	草/草灌	覆盖三维网或土工格栅种子、肥料、土壤改良剂等的混合料液压喷播，厚10~30mm
预应力锚索框架地梁+厚层基材喷射植被护坡	稳定性很差的高陡岩石边坡，且无法用锚杆将钢筋混凝土框架地梁固定于坡面的情况	>1:0.5	—	草/草灌	厚层基材喷射：在框架内喷射种植基和混合草种，其厚度略低于格子梁高度2cm
预应力锚索+厚层基材喷射植被护坡	浅层稳定性好，但深层易失稳的高陡岩土边坡	>1:0.5	—	草为主	液压喷播或厚层基材喷射植被护坡

  5 生态植生袋绿化适用于坡比小于1:0.35的土质边坡和风化岩石、沙质边坡，特别适宜于不均匀沉降、冻融、膨胀土地区和刚性结构等难以开展边坡绿化的区域。应以灌草措施为主，多树种、多草种混播。坡度较缓的可按照坡面直接堆放；坡度较大时应采用钢索拦挡固定或与框格梁结合的方式。需要配套灌溉设施的，应以滴灌、微喷灌为主。

9.5.6 不能退耕的取土场、弃渣场等场地具备绿化条件时，应在结束作业后的第一个种植季节内结合水土保持进行绿化，并符合下列规定：
  1 边坡绿化应采用撒播草（灌）种子等措施。弃渣场边坡绿化宜在边坡上摊铺种植土后撒播草种。
  2 场坪应采用撒播草（灌）种子绿化，有特殊要求时，可选择栽植灌木或具有经济价值的植物；弃渣场场坪绿化应先摊铺种植土，采用撒播草籽进行绿化。

9.5.7 制（存）梁场、铺轨基地、轨道板预制场、拌和站等场地绿化应符合下列规定：
  1 场地使用期间，土质边坡应采用撒播草籽进行绿化；在不影响生产的条件下，土质场坪空地宜撒播草种或栽植灌木。
  2 场地使用完成后，产权单位有绿化要求时，应结合水土保持要求进行绿化。绿化前应平整场地，清除地表不适宜植物生长的硬化层、建筑垃圾等，必要时应摊铺种植土。

9.5.8 临时办公生活区、临时施工场地、施工运输通道等临时设施在使用完毕后，应彻底清除混凝土铺面并整治平整，根据恢复方向，没条件恢复耕地的，采用合适的植被恢复方式。

10 固沙

10.1 一般规定

10.1.1 在风沙区，应按设计要求采取防风沙措施，建立防风固沙带。

10.1.2 干旱风蚀荒漠化区的防风固沙带，外围宜设立高立式沙障阻沙带，其内侧宜配置沙障或化学固沙带以及林草带，内侧设置输导带。宜建设与之相配套的灌溉设施，并设置网围栏。

条文说明

干旱风蚀荒漠化区主要分布于新疆、青海、甘肃、内蒙古等地区，主要分布在塔克拉玛干沙漠、古尔班通古特沙漠、库姆达格沙漠、柴达木沙漠、巴丹吉林沙漠、腾格里沙漠、乌兰布和沙漠和库布齐沙漠。

10.1.3 半干旱风蚀沙化地区处于流动沙地的防风固沙带，应设置沙障、人工灌草和乔灌林带。宜采用窄林带、宽草带、乔灌草相结合的方式。

条文说明

半干旱风蚀沙化地区，主要由浑善达克沙地、科尔沁沙地、毛乌素沙地、东北西部沙地组成。该区域风蚀、水蚀，农牧交错。

10.1.4 高寒干旱荒漠化地区的防风固沙带，外侧宜配置多排高立式沙障阻沙带，其内侧宜配置沙障、人工灌草带和输导带。

10.1.5 高寒半干旱风蚀沙化区的防风固沙带，宜布设沙障、人工灌草带和输导带。

10.1.6 半湿润平原风沙区的防风固沙带，应以固为主，措施上以植物措施为主，林分构成上可采取林林、林草等立体栽培模式，防止树种结构单一。取土场、弃渣场、施工生产生活区、施工道路等，宜采用土地整治、植树种草的方式。

条文说明

半湿润平原风沙区主要分布于豫东、豫北、鲁西南、晋中黄泛平原以及苏北黄河故道。

10.1.7 湿润气候带沙山、风沙区的防风固沙带,外围宜营造草本植物带,其内侧宜配置灌木带及乔木带。应以固为主,林分构成上可采用速生林与经济林相间种植。当沿海风沙带土壤为盐土时,宜采用客土植树的方法,营造海岸防风固沙林带。

条文说明

湿润气候带沙山、风沙带分布于鄱阳湖北湖湖滨、赣江下游两岸、南方沿海等地。沿海风沙带主要是指闽江、晋江、九龙江入海口及海南文昌等沿海地区风沙地带。

10.1.8 线路两侧各500m范围内的天然植被和地表硬壳均不得破坏。

10.1.9 临时占压或扰动的施工场地施工结束后宜采用当地适生植物恢复植被。当位于小片流沙地带,且有黏性土时,应采用黏性土进行覆盖,黏性土层厚度不应小于0.15m,并撒播草籽进行植物防护。当位于大面积覆沙带且缺乏黏性土时,宜采取栽草方格后种植灌草的绿化固沙防沙措施;具备植被恢复条件的可采用砾石、卵石、碎石和黏土覆盖。

10.1.10 防风固沙应按设计要求选择具有较强的抗风、抗旱,耐沙埋、沙割等抗逆性能好并有较强固沙能力的植物品种。

10.1.11 在风沙区采取植物措施时,应按设计要求采取相应的浇灌措施。

10.2 工程固沙

10.2.1 对流动沙丘和半流动沙丘,应采用沙障固沙。

条文说明

根据沙障高出地表的高度划分,可划分为以下形式:
(1) 高立式沙障:高出地面50~100cm的直立沙障。
(2) 低立式沙障:高出地面20~50cm的直立沙障,也称半隐蔽式沙障。
(3) 平铺式沙障:在流沙表面采用带状、网格状或全面铺设抗风蚀材料,高度在20cm以下的沙障。

根据沙障平面布置形式,可划分为以下形式:

（1）条带状沙障：沙障呈条带状分布，主要设置于有两个主风的区域，要求设置为与主风方向垂直。条带状沙障的带间距：在坡度小于4°的平缓沙地，相邻两条沙障的距离应为沙障高度的10~20倍；在沙丘迎风坡配置时，下一列沙障的顶端应与上一列沙障的基部等高；在沙丘坡度较大的地方，沙障间距按以下公式计算：

$$D = H \times \cot\theta \tag{10-1}$$

式中：D——沙障间距（m）；

H——沙障高度（m）；

θ——沙丘坡度（°）。

（2）网格状沙障：由2个不同方向的条带状沙障交织而成的沙障，沙障呈网格状分布。网格边长为出露高度的6~8倍，根据风沙危害的程度选择1m×1m、1m×2m、2m×2m、4m×4m等不同规格。

高立式沙障，适宜采用条带状配置，主要用于单向或反向风地区的阻沙。低立式沙障，适宜采用网格状或带状配置，主要用于多风向地区的固沙。全面平铺式沙障适用于小而孤立的沙丘。

即根据沙障孔隙度，可将直立式沙障区分为3种结构：

（1）通风结构：沙障孔隙度大于50%，适用于输沙。

（2）疏透结构：沙障孔隙度一般在10%~50%，适用于固沙，常用20%~50%。

（3）紧密结构：沙障孔隙度小于10%，适用于阻沙。

沙障应用类型如下：

（1）阻沙型：适宜设置在防沙体系外围风沙流动性强的地方，拦截、阻滞风沙运动。

（2）固沙型：适宜隔断风沙流与沙表面的直接接触，固定地表，大面积设置在道路两侧、重要基础设施和其他需要保护的地方。

（3）输导型：用于防治道路积沙或改变风沙流运动方向，一般设置在迎风面、路肩、弯曲转折地段。

10.2.2 草方格沙障施工应符合下列规定：

1 将沙障材料堆放在施工地附近，并按照沙障的设计规格进行放线，其中沿沙丘等高线方向为纬线样线，垂直沙丘等高线方向为经线样线。

2 从沙丘上部往下并按材料堆放远近顺序施工。先施工经线样线，再施工纬线样线。

3 将沙障材料垂直平铺在样线上，组成完整闭合的方格，由此形成草方格型沙障。均匀铺设麦秸，厚度为2~3cm。

4 按照要求铺好沙障材料后，用方形铁锹或专用铁叉把沙障材料中间部位压入流沙中10~15cm，使沙障材料两端翘起并高出沙面10~20cm。

5 在干旱区适宜采用挖沟直埋式施工方法设置草方格沙障。

6 草方格沙障施工工艺流程可按图10.2.2执行。

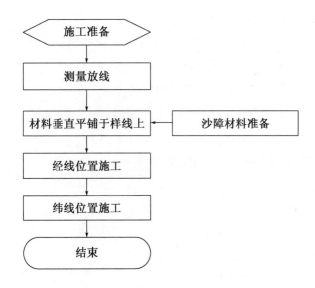

图 10.2.2 草方格沙障施工工艺流程

条文说明

"从沙丘上部往下并按材料堆放远近顺序施工"的目的是便于材料运送,并避免施工人员不慎踩踏铺设完好的沙障。

10.2.3 黏土等平铺式沙障施工应符合下列规定:

1 带状沙障按照沙障的设计规格沿沙丘等高线放线,网格状沙障还需沿沙丘垂直等高线方向放线,组成完整闭合的方格。

2 从沙丘上部往下并按材料堆放远近顺序施工。

3 将黏土或砾石等沙障材料平铺在样线上,并修整或固定成埂;秸秆、树枝等材料沙障成捆或交错平铺在样线上。

4 黏土等平铺式沙障施工工艺流程可按图10.2.3执行。

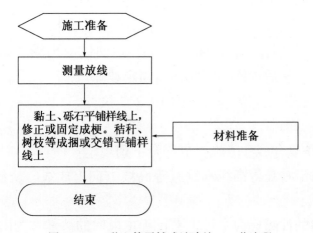

图 10.2.3 黏土等平铺式沙障施工工艺流程

10.2.4 枝条沙障施工应符合下列规定：

1 按照设计规格沿沙丘等高线、垂直等高线方向挖水平沟，沟深40～60cm，沟底宽5cm。

2 从沙丘上部往下并按材料堆放远近顺序施工。

3 将沙障材料直立插入沟中，地面以上露出材料20～100cm，并进行修整，使沙障孔隙度为30%～50%，然后埋沙、踩实，以固定沙障。

4 枝条沙障施工工艺流程可按图10.2.4执行。

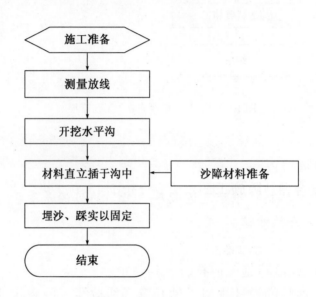

图10.2.4 枝条沙障施工工艺流程

10.2.5 植物插条沙障施工应符合下列规定：

1 按照设计规格沿沙丘等高线和垂直等高线方向上放线，从沙丘顶部往下或按材料堆放远近顺序施工。

2 垂直于主风向的沙障称为主带，平行于主风向的沙障称为副带。主带栽植或扦插黄柳、沙柳等沙生灌木，副带栽植杨柴、柠条等沙生灌木。

3 栽植时将沙障材料埋入沙中60～80cm，地面以上出露20cm，等株距5～10cm为一丛，每丛2～3株，然后埋沙、踩实，以固定沙障。

4 植物插条沙障施工工艺流程可按图10.2.5执行。

10.2.6 植物—插条复合型沙障施工应符合下列规定：

1 按照设计规格沿沙丘等高线和垂直等高线方向上放线，从沙丘上部往下并按材料堆放远近顺序施工。

2 垂直于主风向的沙障称为主带，平行于主风向的沙障称为副带。主带栽植黄柳、沙柳等沙生灌木，副带栽植杨柴、柠条等沙生灌木。

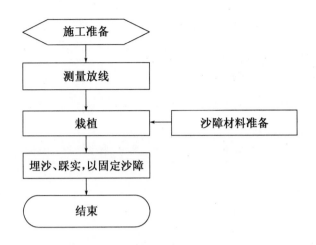

图 10.2.5 植物插条沙障施工工艺流程

3 栽植时将沙障材料埋入沙中 30~40cm，地面以上出露 20cm，等株距 50~100cm 为一丛，每丛 2~3 株（枝），株间以沙蒿、杂草、秸秆等为填充料埋充，并进行修整，使得沙障孔隙度为 30%~40%，然后埋沙、踩实，以固定沙障。

4 植物—插条复合型沙障施工工艺流程可按图 10.2.6 执行。

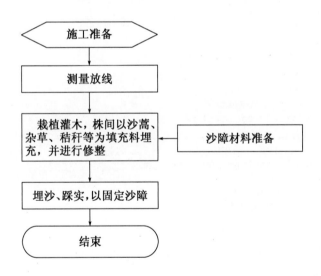

图 10.2.6 植物—插条复合型沙障施工工艺流程

10.2.7 直播植物沙障施工应符合下列规定：

1 采用单人拉式直播机械，按照设计的网格于雨季开沟整地，开沟宽度 20cm。

2 将目的树种杨柴和伴生植物小麦的种子按比例进行混合，按照每亩 12kg 的播种量进行直播，直播深度 3cm，然后覆土。

3 直播植物沙障施工工艺流程可按图 10.2.7 执行。

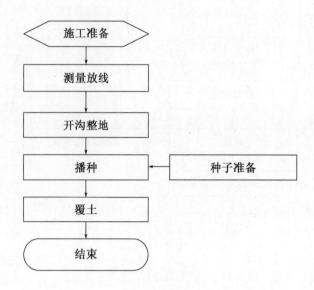

图 10.2.7 直播植物沙障施工工艺流程

10.2.8 塑料纱网沙障施工应符合下列规定：

1 按照配置沙障间距划线，将网片平铺在线上。

2 用平底铁锹将平铺网片中心部位下压，下压深度 10～15cm，使平铺网片两端翘起直立，形成具有两行直立网片、高度 10～15cm 的沙障。

3 塑料纱网沙障施工工艺流程可按图 10.2.8 执行。

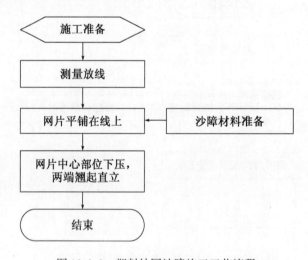

图 10.2.8 塑料纱网沙障施工工艺流程

10.2.9 沙障的防护类型、设置范围和排间距离、立柱高度以及埋入深度、网片固定间距、连接方式、阻沙网孔规格应符合设计要求。

10.2.10 沙障所用材料的品种、规格、质量及性能应符合设计要求。

10.2.11 沙障维护应符合下列规定：

1 沙障建成后，要加强巡护，防止人畜破坏。

2 当草方格、黏土等平铺沙障被沙埋没面积比例达到70%或草方格沙障被风吹蚀破损面积比例达到60%时，应重新设置沙障。

3 直播植物沙障在建设当年需要设置围栏保护，防止牲畜啃食破坏。

10.2.12 挡风墙、挡沙墙施工应符合下列规定：

1 柱板式挡风墙预制挡土板应在混凝土强度达到设计强度的75%后方可进行运输、吊装。

2 扶壁式挡风墙的墙趾板、墙踵板、面板和肋（扶壁）的钢筋应一次绑扎、安装成型。

3 扶壁式挡风墙的墙趾板、墙踵板、面板和肋（扶壁）的混凝土宜一次浇筑完成。

4 挡风墙、挡沙墙所用材料的品种（类别）、规格、质量应符合设计要求。挡风墙、挡沙墙钢筋的数量及加工、连接、安装应符合设计要求和《铁路混凝土工程施工质量验收标准》（TB 10424）的有关规定。

5 明挖基础、挡风墙、挡沙墙墙身等的混凝土强度等级应符合设计要求。

6 挡风墙、挡沙墙基础与墙身沉降缝（伸缩缝）所用材料的品种、规格、质量及性能应符合设计要求。

7 土堤式挡风墙所用填料的种类、质量应符合设计要求。

8 土堤式挡风墙应分层填筑压实，其压实质量应符合设计要求。

9 土堤式挡风墙的结构形式、墙背坡度及高度、土堤顶面及底层宽度、土堤高度及坡度应符合设计要求。

10 沉降缝（伸缩缝）的位置、缩宽与缝的塞封质量应符合设计要求和现行行业标准《铁路路基工程施工质量验收标准》（TB 10414）的有关规定。

10.2.13 截沙沟（堤）的位置、断面形式、规格应符合设计要求。

10.2.14 截沙沟（堤）表面砌体应与边坡密贴，无空洞。

10.3 化学固沙

10.3.1 化学固沙多用于水资源匮乏、植物难以生长、亟须治理的流动沙地。在具备植物生长条件的地区，应与沙障工程、植物治沙措施相结合。

10.3.2 化学固沙所用材料的品种和质量应符合设计要求，宜选用无毒、无污染材料。化学固沙材料可包括土壤凝结剂、沥青乳液、沥青化合物、乳化原油、泥炭胶液等。

10.3.3 化学固沙材料的制备设备应包括锅炉、乳化剂和各种储料罐，喷洒设备主要包括储存罐、喷洒管道、喷嘴及接头等。

10.3.4 化学固沙喷洒形式可分为全面喷洒和局部喷洒。

条文说明

全面喷洒是直接将固沙材料喷洒在沙面上；局部喷洒是把沙子堆成带状或网格状，然后在沙梗上喷洒固沙材料，为植被恢复创造条件。

10.3.5 化学固沙施工应符合以下规定：
1 固沙液的适宜黏度一般为 12~15Pa·s。
2 喷洒应在风速小于3m/s的天气条件下进行，避免逆风或顺风喷洒。
3 喷洒前先用水或乳化剂的稀溶液湿润沙面，以提高固沙液的渗透度。
4 喷洒时应控制喷洒量及喷洒速度，使喷头与沙面保持适当的距离和角度，均匀喷洒，形成厚度均匀的固结层。
5 在全面喷洒地块的外围，如有风蚀、非风蚀的过渡带，也应喷洒，防止因局部风蚀导致化学固沙层的全面破坏。
6 配合植物治沙措施，应在栽种植物后喷洒。

10.3.6 化学固沙应在沙面形成厚5mm左右的稳定固结层，且具备100kPa以上的抗压强度。

10.3.7 作业区应严格保护，防止破坏固结层。固结层发生局部破坏的地段，应及时补喷；破坏严重的，应全面补喷。

10.4 植物固沙

10.4.1 造林前的整地时间应符合下列规定：
1 营造乔木林，在北方的中度、轻度风蚀区和杂草丛生的草滩地，质地较硬的丘间地和固定沙丘等，应于前一年秋末冬初整地，次年春季造林。流动沙丘和半移动沙丘造林不宜整地，避免造成风蚀。重度风蚀区可在春季随整地随造林。南方地区可在造林前整地。
2 营造纯灌木林时，可随整地随造林；营造乔灌混交林与乔木林时间相同。

10.4.2 一般整地应符合下列规定：
1 在大片完整和坡度较缓的沙荒地上造林，可用带状整地，带宽 1~1.5m，带面耙平后，再在其上挖穴植树，按设计的株行距呈"品"字形排列，宜采用机械开沟做带。

　　2　在地形破碎、坡度较陡的沙荒地上造林，可采用鱼鳞坑整地。

　　3　营造灌木林可采用穴状整地，按设计的株行距，定点挖穴，穴径不小于0.6m，坑深0.3~0.6m，视苗木根系而定。

条文说明

　　鱼鳞坑为近似半月形，外高内低，坑径1~1.5m，坑深0.6~0.8m，坑距3~5m，呈"品"字形排列，坑两端各开挖约0.2~0.3m的倒"八"字形截水沟。

10.4.3　翻淤压沙整地。黄泛区古河道沙地造林前，可先用人工或机械将下层淤土翻起，压在沙上，厚0.3~0.4m，然后在淤土上按设计株距造林。

10.4.4　客土整地。东南沿海岸滩应先按设计株行距挖坑，然后用低温客土种树。

10.4.5　施肥应符合下列规定：

　　1　应根据林种、树种和土壤营养条件，采用设计的配方施肥，做到适时、适度、适量。

　　2　对于土壤贫瘠地块，需要施用基肥的，在栽植前结合整地施于穴底。基肥应采用充分腐熟的有机肥。

　　3　可根据情况施用追肥。追肥宜采用复合肥。追肥可在栽植后1~3年施用。

10.4.6　树种应选择适应当地生长，有利于发展农、牧业生产的优良树种和乡土树种，并符合设计规定。

条文说明

　　乔木树种应具有耐瘠薄、干旱、风蚀、沙割、沙埋，生长快，根系发达，分枝多，冠幅大，繁殖容易，抗病虫害等优点。灌木应选择防风固沙效果好、抗旱性能强、不怕沙埋、枝条繁茂、萌蘖力强的树种。

10.4.7　植苗造林时的苗木选择应符合下列规定：

　　1　裸根苗应采用一、二级苗木，其质量应符合现行行业标准《容器育苗技术》（LY/T 1000）的有关规定；容器苗的质量应符合现行行业标准《容器育苗技术》（LY/T 1000）的有关规定。外地远距离大范围调运苗木，应经过植物检疫。

　　2　阔叶树种应选择1~2年生，株高1.5m以上，主根长30cm，地径2cm以上，乔木主根系长度25~30cm以上，生长健壮的苗木；针叶林树种应选择2~3年生容器苗或根植苗，有完整的顶芽。灌木苗应选择1~2年生苗木。

3 起苗时应不伤根、不损苗，保持较完整的毛细根。针叶树苗要随起随栽；外地运苗，应做到当日起苗，当日运到造林地，最多不得超过2d。对不能及时栽植的苗木，应打浆并做好假植，并设挡光、挡风措施，防止暴晒风干或堆放发热。

10.4.8 植苗造林时的苗木栽植应符合下列规定：
1 阔叶乔木宜在春秋两季挖坑栽植。
2 根系不大的灌木苗或针叶乔苗木，一般在春季或雨季采用窄缝栽植。
3 用容器苗或植生针叶苗造林，应事先整地，待春季墒情好时造林，或者立秋前的雨后栽植。干旱、半干旱地区的阔叶乔木苗，可截杆造林。
4 风口造林，栽植深度应超过当年最大风蚀深度，直达沙地的湿沙层，并在植穴周围培置沙埂，增加地面糙度，减轻风蚀。
5 营造海岸线防护林时，应采取客土和适时深栽。
6 填土时应先填表土、湿土，后填生土、干土，分层踩实。

10.4.9 播种造林应符合下列规定：
1 种子质量标准应符合现行国家标准《林木种子质量分级》（GB 7908）的有关规定，检验方法应符合现行国家标准《林木种子检验规程》（GB 2772）的有关规定。
2 在病虫害比较严重的地方，特别是对于针叶林种子，在播种前可利用药剂拌种，或用药液浸种或闷种，对于皮重或小粒种子还可以适度热水浸泡，在可能发生鸟兽害的地区，可以药剂拌种。
3 春节播种时，对于深休眠种子、强迫休眠种子要进行催芽处理。秋季播种时，则不需要催芽处理。
4 播种量应根据种子质量、立地条件、树种及造林密度确定，并应符合现行国家标准《水土保持综合治理 技术规范 荒地治理技术》（GB/T 16453.2）的有关规定。
5 对于穴播，应人工挖穴，穴径0.2~0.3m，深0.15~0.2m。穴内应松土，清除草根、石砾，根据树种种子大小，覆土厚度为种子直径的3~5倍，用脚踩实。
6 对于条播，应结合水平犁沟整地工程，用畜力或机械在犁沟底部再松土，并根据设计播量，进行条播，用犁覆土，覆土厚度为种子直径的3~5倍，用脚踩实。
7 飞播施工应符合现行国家标准《飞播造林技术规程》（GB/T 15162）的有关规定。

10.4.10 插（压）条造林应符合下列规定：
1 应选择一年生新条、壮条，随剪随插（压），备用枝条应保湿。一般条长0.4~0.7m，地径粗1~2cm；高杆杆长2.5~4m，径粗3~6cm。
2 插条应露出地面3~4cm，留有1~2个芽眼，并防止芽眼倒植；高杆造林应埋入地下0.8~1.2m，地面以上为1.5~3m；利用卧杆栽植时，覆土厚度宜为10cm。

10.4.11 造林后应加强幼林抚育管理，及时进行幼林补植、除草、中耕管理和幼林管护，并符合现行国家标准《水土保持综合治理 技术规范 荒地治理技术》（GB/T 16453.2）和《造林技术规程》（GB/T 15776）的有关规定。

10.4.12 造林质量的检查内容和方法、评价指标和标准应符合现行国家标准《造林技术规程》（GB/T 15776）的有关规定。

10.4.13 在风蚀和流沙移动的地方，应种植防风固沙草带。

10.4.14 在林带与沙障已基本控制风蚀和流沙移动的沙地上，应及时进行大面积人工种草，进一步改造并利用沙地。

10.4.15 种草整地位置及范围应符合设计要求，并应符合下列规定：
1 宜采用带状整地，整地位置和带宽符合设计要求。
2 在有中度以上风蚀和流沙移动地方，不应全面耕翻整地。
3 整地深度应与耕作层深度一致，可为 15~20cm。
4 整地时间宜在春季或秋季，干旱地区可在雨前进行。

10.4.16 种草应根据利用方向，选择单一草种或 3~5 种混播。

10.4.17 人工播种草施工和管理技术要求与荒地种草相同，并应符合现行国家标准《水土保持综合治理 技术规范 荒地治理技术》（GB/T 16453.2）的有关规定。

11 弃渣场防护

11.1 一般规定

11.1.1 施工单位弃渣前应编制施工组织设计方案，建设单位应组织审查。涉及环境敏感区的，应编制环境保护和水土保持专项施工组织方案。

条文说明

弃渣场施工组织设计方案主要包括以下内容：
（1）环境保护与水土保持相关法律法规和规章制度。
（2）建设项目环境保护与水土保持工作管理要求，环境保护与水土保持组织机构设置及岗位职责、管理制度等。
（3）弃渣场的环境保护与水土保持要求和施工方案、方法。
（4）临时工程的环境保护与水土保持要求和方法。
（5）工程占地的恢复移交要求和方法等。
（6）施工期环境风险管理等。
涉及环境敏感区、专项重点环境监控的，还应包括：
（1）环境敏感区环境保护和水土保持相关法律法规和规章制度要求，相应的技术方法及管理措施等。
（2）涉及野生动物保护、鱼类保护、古树移栽和文物保护的，需含专项保护措施。

11.1.2 施工单位应按照环境保护与水土保持要求做好弃渣场临时设施的建设工作，并应符合下列规定：
　　1　办理临时工程用地，应取得地方有关行政主管部门许可并备案；统计临时工程用地等变化情况，应向建设单位报备，说明变化原因，申请设计变更。
　　2　调查沿线敏感点和临时用地情况，统计房屋建筑现状，保存原始影像资料。敏感点或临时用地发生变化时，应及时进行变更。
　　3　临建工程建设，应做好排水设施，需要时实行雨污分流，按照标准化要求进行场地布置和绿化。

11.1.3 通往弃渣场的施工便道宜尽量利用既有公路交通，对新建或改建的道路，使用完成后应移交给当地政府。不能利用的施工便道，在使用完毕后应及时恢复，办理相关移交手续。施工期间，应定期维护施工便道，定时洒水抑尘。对施工便道应做好临时防护，临近高陡边坡段落应设置醒目的安全警示标志。

11.1.4 弃渣场防护施工工艺流程可按图11.1.4执行。

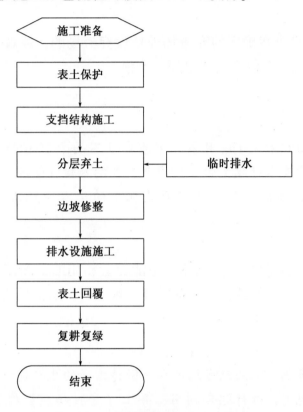

图11.1.4 弃渣场防护施工工艺流程

11.1.5 弃渣前，施工单位应对弃渣场位置进行测量放样，并确认其弃渣数量、位置是否与设计相符，如有不符，应及时向设计单位反馈。

11.1.6 应按弃渣场设计容量弃渣，设有挡渣墙时，应在弃土堆置前，修建挡渣墙及截排水工程。

11.1.7 弃渣时应从下往上分层填筑。在弃渣过程中，应按设计要求及时施作边坡分级平台。应从挡墙位置开始弃渣，分级推进、刷坡、平整，避免二次倒运。应严格控制作业面，未经碾压不得直接铺新渣形成虚方。渣土层应内高外低，便于排水。

11.1.8 临近风景区或有特殊要求地段的弃渣场，应按设计要求及时配套完成环水保相关工程。

11.1.9 涉及安全稳定问题的弃渣场，应按规定开展安全稳定性评估和实施监测。

11.1.10 对有污染弃渣的隔离、渣坝堆筑等防渗、防辐射处理措施应符合设计要求。

11.1.11 弃渣场在铁路开通前应达到环水保验收条件，并办理弃渣场移交手续。

11.1.12 在水土保持方案确定的弃渣场外新设弃渣场的，或者需要提高弃渣场堆渣量达到20%以上的，施工单位应按规定程序上报。

条文说明

新设弃渣场占地面积不足1ha且最大堆渣高度不高于10m的，生产建设单位可先征得所在地县级人民政府水行政主管部门同意，并纳入验收管理。弃渣场上述变化涉及稳定安全问题的，生产建设单位应组织开展相应的技术论证工作，按规定程序审查审批。

11.1.13 弃渣场渣土等应当综合利用。不能综合利用的，确需废弃的，应当堆放在水土保持方案确定的专门存放地，并采取措施保证不产生新的危害。

条文说明

铁路工程建设项目属于依法应当编制水土保持方案的生产建设项目，铁路工程排弃的渣土应当遵循该条规定，进行综合利用，弃土（渣）场应当堆放在经批复的水土保持方案确定的专门存放地，并采取措施保证不产生新的危害。《中华人民共和国固体废物污染环境防治法》第四条提出"固体废物污染环境防治坚持减量化、资源化和无害化"的原则。铁路工程建设过程中排弃的土、石、砂、渣等属于固态废物，需遵循《中华人民共和国固体废物污染环境防治法》第四条的要求，坚持减量化、资源化的原则，尽量用作工程的填筑调配以及砂石集料等建筑材料，也可积极用于地方建设综合利用，从源头上最大程度减少弃土（渣）的产生。

11.2 表土保护

11.2.1 弃渣场弃渣前应对表土进行剥离，分层开挖，集中堆放，并采取苫盖或植物措施防护；表土剥离厚度及施工方式根据场地占地类型、土壤肥力、施工条件等确定。

11.2.2 弃渣场表土剥离应符合本规程第5.2.1条~第5.2.6条的规定；弃渣场表土运输应符合本规程第5.3.1条~第5.3.3条的规定；弃渣场表土储存应符合本规程第5.4.1条~第5.4.4条的规定。

11.3 支挡结构

11.3.1 弃渣场的支挡结构应包括挡渣墙、桩墙结构、围渣堰、拦渣堤，支挡结构的位置和形式应符合设计要求。

11.3.2 弃渣场弃渣前应做好挡渣墙及渣底排水盲沟，应清除弃渣场底部地表植被及腐殖土，对沟心自然坡度大的段落应修筑台阶。

11.3.3 弃渣场支挡结构施工应符合下列要求：
1 施工前和施工过程中，施工单位应现场核对地质资料，挡渣墙基础底部的岩土层性质应符合设计要求。发现地质条件不符时，应向建设单位、设计单位反馈。
2 开挖时，应采取临时支护措施保持边坡稳定。基坑开挖较深、边坡稳定性较差时，应分段跳槽开挖，并及时灌注基础混凝土封闭。
3 弃渣场坡脚挡墙基底承载能力不足，可采用换填或其他适当的地基加固方式处理。
4 挡渣墙浇筑时，应采取有效措施保证反滤层和泄水孔排水顺畅，墙身泄水孔不得反坡。墙体分次浇筑时，连接部位应按设计及规范要求采取可靠连接措施。
5 沉降缝（伸缩缝）应为贯通缝，不得切割墙体设置假缝。

11.3.4 弃渣场挡渣墙高度、垫顶平台宽度、基底承载力、基础埋置深度等应符合设计要求。挡墙尺寸根据地形起伏按直线变化过渡，墙趾存在冲刷问题时宜采用混凝土或浆砌片石铺砌。

11.3.5 挡渣墙泄水孔和反滤层设置应符合设计要求，并应符合下列规定：
1 泄水孔应按每隔 2m 交错布置，并应在施工墙身时预留，可用 PVC 管材预埋，其向外排水坡不应小于 4%，进水口应用透水土工布包裹。
2 反滤层材料应符合设计要求，厚度不应小于设计值。

11.4 边坡防护

11.4.1 弃渣场边坡防护应根据弃渣性质、边坡高度及坡度、气候条件、环境要求等，采用植物防护或植物与工程相结合的防护措施，并应符合下列规定：
1 弃渣场边坡防护应置于稳定的边坡上。
2 一般环境下，可采用植物防护、骨架护坡、片石或混凝土护坡等防护措施。
3 弃渣场边坡防护及构造应符合设计要求。

11.4.2 弃渣前对弃渣场原有边坡应清除软弱表层，坡面挖成台阶状，斜坡地段要顺坡面等高线挖台阶，台阶宽度不小2m。

11.4.3 弃渣填筑边界边坡坡度不应陡于1∶1.25，填筑分级高度不应大于6m，分级平台不应小于3m，弃渣场最大填筑边坡高度不应大于20m。

11.4.4 弃渣要分层进行，分层厚度不宜大于2m，弃渣场底部填筑硬质岩渣，填筑厚度不宜小于2m。

11.4.5 弃渣场边坡防护还应符合本规程第7.1.1条～第7.1.8条的规定。

11.5 截（排）水沟

11.5.1 弃渣前应标记弃渣填筑限高标志、分级台阶控制距离标记，设置汇水沟渠，做好截（排）水措施。弃渣场永久性截排水措施的排水设计标准应满足3年一遇～5年一遇及5～10min短历时设计暴雨。

条文说明

防止雨水在新弃渣表面形成径流和冲刷而造成水土流失。

11.5.2 弃渣场的截（排）水沟应与自然水系顺接，并布设消能、沉沙及防冲措施。

11.5.3 弃渣场面积较大时，渣体表面可设置排水支沟，并应采取沟底追加夯实、加强排水结构、进行防渗处理等措施。

11.5.4 弃渣场如不能及时修筑截（排）水沟，应在弃渣场周围设置临时截（排）水沟，急流段应采用防冲措施，排水沟末端应设置沉沙池。

条文说明

临时截排水沟宜采用梯形断面土质排水沟，急流段根据现场材料可采用防雨布衬垫、素混凝土抹面、土袋叠砌、砌石等防冲措施。

11.5.5 渣场底部排水设施应按设计要求布置，寒冷地区盲沟、暗管出水口应采取防冻措施。

条文说明

渣底盲沟、暗管的出水口应排入地表沟渠，沟底应高出沟渠最高水位不小于20cm。

11.5.6 弃渣场顶面应按设计要求设置横向排水坡，坡度不小于4%。

11.5.7 截水沟防渗、防漏应符合以下规定：
1 有防渗处理的，发现渗漏及时按原施工设计要求重新处理。
2 没有防渗处理的，挖开渗漏水处，填土夯实，重新施工沟体。

条文说明

以拦蓄坡面径流、解决人畜饮水和灌溉为目的而修建的截水沟，对沟道采取了衬砌和水泥砂浆抹面，有防渗、防漏设施。以排导坡面径流为主而修建的截水沟，没有防渗、防漏设施。因此，截水沟应按照有无防渗、防漏设施分别进行管理维护。无防渗、防漏设施的土沟，宜在沟埂和沟道内种植草皮，并且管护好草皮。

11.5.8 汛期前和暴雨后应对排水沟进行全面检查，及时修复排水沟的沉陷、崩塌、裂缝和被冲坏的沟底、沟壁。若跌水、出水口处冲刷严重时，应采用块石铺垫或混凝土加固。

条文说明

若排水沟的出口处为天然沟道，应经常对跌水和消能防冲设施进行检查维护，防止对天然沟道造成冲刷。

11.5.9 弃渣场截（排）水沟还应符合本规程第8.1.6条~第8.1.10条的规定。

11.6 植被恢复

11.6.1 不能复耕的弃渣场场地具备绿化条件时，应及时进行植被恢复。

11.6.2 弃渣场绿化施工工艺流程可按图11.6.2执行。

11.6.3 弃渣场的绿化应满足水土保持要求，一般按宜林则林、宜草则草、草灌结合、宜荒则荒的原则，与周边自然环境相协调，并应符合下列规定：
1 绿化后的植被覆盖率不应低于当地同类土地植被覆盖率，种植密度应符合国家相关造林标准，有条件的地区可种植果树等经济类树种。
2 弃渣场宜利用场地使用前剥离的表土进行覆盖，表层为弃土的，覆盖厚度不宜小于30cm；表层为弃渣的，覆盖厚度不宜小于50cm。

3 绿化防护宜以撒播草籽为主，间植乔木和灌木为辅，其中乔木可栽植在较宽的边坡平台和坡顶平面，灌木可与乔木间植，也可栽植在边坡上。

图11.6.2 弃渣场绿化施工工艺流程

11.6.4 弃渣场植被恢复施工应符合本规程第9.1.13条~第9.1.17条的规定。

12 取土场防护

12.1 一般规定

12.1.1 取土场施工包括施工组织方案、临时设施建设、施工便道等内容，应符合本规程第11.1.1条~第11.1.3条的规定。

12.1.2 取土场防护施工工艺流程可按图12.1.2执行。

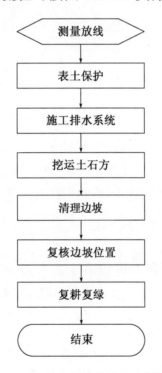

图 12.1.2 取土场防护施工工艺流程

12.1.3 取土前应对取土场进行平、纵面测量和钻探取样，确认可取土资源量，核对取土的技术指标、场地位置等是否与设计相符，如有不符，应及时向设计单位反馈。对取土场实地踏勘测量后，应对取土范围进行现场标识。

12.1.4 取土施工方法应根据取土场岩土性质结合土石方调配方案确定。

条文说明

土质坚硬地段可采用松土器进行松土施工；遇局部岩层坚硬地段可采用潜孔钻机打眼，松动爆破施工；大面积坚硬石质岩层地段，采取光面爆破、预裂爆破等。

12.1.5 取土场地不得形成高陡边坡，取土完毕后，应根据边坡高度、岩土条件、气候因素等及时对取土场地进行植树、种草绿化或寻求其他综合利用途径。

12.1.6 取土时应及时施作防水、排水设施，取土后的裸露面应进行土地整治或采取防护措施。风景区或有特殊要求的地段，应按设计要求及时配套完成环保工程。

12.1.7 取土场在铁路开通前应达到环水保验收条件，并办理相关移交手续。

12.1.8 取土场发生变更的，施工单位应当在取土前编制水土保持方案，取土场场补充报告书，办理备案或报批手续。

12.2 表土保护

12.2.1 取土场取土时应对表土进行剥离，分层取土，并采用临时拦挡、苫盖等措施进行临时防护。表土剥离应根据施工扰动范围内土层结构、土地利用现状和施工方法，确定剥离范围和厚度。剥离的表土应用于复耕、植被恢复，也可用于其他区域的土地整治。对高寒草原草甸地区，应对表层草甸进行剥离，采取专门养护措施，施工结束后回铺利用。

12.2.2 取土场表土剥离应符合本规程第5.2.1条～第5.2.6条的规定；取土场表土运输应符合本规程第5.3.1条～第5.3.3条的规定；取土场表土储存应符合本规程第5.4.1条～第5.4.4条的规定。

12.3 土地整治

12.3.1 取土场取土后裸露面宜进行土地整治，应符合下列规定：
1 取土后形成的边坡应采取削坡分级等措施，并对边坡和平台进行整治，确保边坡稳定安全。
2 凹形取土场地宜采用废弃土石回填后进行土地整治，应根据地形地貌、地质条件、周边地表径流量情况，采取边坡防护工程、截排水工程、坡面水系工程或改造为鱼塘、水景观进行利用。

条文说明

在干旱、半干旱地区凹形采石（挖砂）场可首先利用岩石碎屑平整采石场坑凹，然后铺覆0.3m厚的黏土防渗层；在黄土区或有取土条件的地方，在平整土地表面覆土；在土料缺乏的地区，可先铺一层易风化岩石碎屑，改造为林草用地；在降水量丰沛、地下水出露地区，当凹形取石场（挖砂场）周边有充足土料时，采用岩屑、废砂填平坑凹，表层覆土，将取石场改造为农林用地；若缺乏土料，则采取坑凹平整和边坡修整加固工程，将其改造成蓄水池（塘）作为水产养殖用地。

12.3.2 取土场土地平整应符合本规程第6.2.1条、第6.2.2条的规定；取土场表土回覆应符合本规程第6.3.1条～第6.3.5条的规定。

12.4 边坡防护

12.4.1 取土应按设计规定的取土数量和边坡坡度进行开采，并及时进行边坡防护。设计没有明确要求时，应在对干砌片石、浆砌片石、浆砌片石骨架、植物保护以及其他新技术、新工艺的护坡技术进行经济、环境效益比选后确定。

12.4.2 取土场永久边坡防护应符合下列规定：
1 取土场设置应保证自身稳定，不宜形成高陡边坡。当取土场边坡大于8m时应采取分级削坡措施，分级边坡高度不宜大于8m，坡度依据土石性质确定，不宜大于1:1.5。
2 取土场影响环境或受地形限制时可设支挡工程。
3 取土场位于河道、冲沟附近，受水流冲刷易引起水土流失、造成环境污染或堵塞河道地段，应设支挡结构或冲刷防护工程。
4 取土完成后，有植物生长条件时应对其进行绿化。
5 平原区或居民区取土场造成平面洼地时，应设置防护围栏及警示牌，做好截（排）水工程，并与当地排灌系统和水土保持工程相协调。

12.4.3 取土场边坡防护施工应符合本规程第7.1.1条～第7.1.8条的规定。

12.5 截（排）水沟

12.5.1 取土场应设置截（排）水沟，其深度不应超过该地区地下水位，并应与桥涵进口高程相衔接。

12.5.2 取土场的截（排）水沟应结合取土情况布设，要求如下：
1 当取土场裸露坡面易受到上游水流冲刷时，应在取土场坡顶以外设挡水土埂或截水沟、拦截来水。
2 受坡面集水冲刷的取土场，应根据地形在距最终开采边界以外设截水沟，拦截坡顶以上集水。
3 位于山坡地的取土场，应在取土场中间平台和坡脚设排水沟，排出坡面径流。
4 施工期应在取土场下游排水沟外侧设置临时拦挡措施。

12.5.3 截（排）水沟顺接周边自然沟渠，不得任意破坏地表植被或堵塞沟渠。地势低洼地段的边沟外侧，应施作沿边沟的土埂，防止雨水冲刷。

12.5.4 取土场场截（排）水设施施工应符合本规程第8.6.1条的规定。

12.6 植被恢复

12.6.1 取土场的植被恢复应结合周边环境条件、边坡稳定性和土地用途，制订可行的施工方案。

12.6.2 取土场取土完成后应将表土回填、平整，以利于植被恢复。

12.6.3 取土场复垦与植被恢复应符合下列规定：
1 复垦应以恢复到原有用途或结合当地条件将复垦后的土地用于农、林、渔、牧等为原则，无明确用途的荒地地区取土场不能恢复到可供任何使用状态时，可不进行复垦。
2 在耕地上取土时应先将表层耕植土堆置一旁，待取土完毕平整后，将耕植土摊回摊平于表面，取土场位于坡地时可视具体情况挖成阶地。
3 对于取土后形成的裸露边坡，应结合工程防护恢复植被。

12.6.4 对于可绿化区域的取土场，经过削坡、平整及覆土后，对取土坑底、边坡和平台应采取植被防护措施。

12.6.5 植被防护施工应符合本规程第9.5.4条的规定。

13 施工临时防护

13.1 一般规定

13.1.1 施工临时防护工程主要适用于施工期间易造成水土流失的地段或部位，应包括以下内容：
1 工程建设中形成的土质边坡和其他裸露土地。
2 临时办公生活区、临时施工生产场地、施工道路和临时堆存场地。

13.1.2 临时防护工程应在主体工程和实施性施工组织设计分析评价的基础上，根据裸露地表的时间、地域、降雨等确定相应的防护措施，宜简便易行，注重永临结合。

13.1.3 施工建设中，临时堆土（石、渣），必须设置专门堆放地，集中堆放，并应采取拦挡、覆盖等措施。

13.1.4 对施工开挖、剥离的地表熟土，应安排场地集中堆放，用于工程施工结束后场地的覆土利用。

13.1.5 施工建设场地应布设临时拦护、排水、沉沙等设施，防止施工期间的水土流失。

13.1.6 临时施工道路应统一规划，提出典型设计，并应采取临时性的防护措施。

13.1.7 工程竣工后，应及时拆除临时设施，应对工地及周围环境进行治理清洁，应对临时用地及时复耕或绿化。

13.2 临时排水

13.2.1 施工期间应按照施工组织设计做好既有道路、施工便道及施工场地内的排水设施。

13.2.2 临时排水施工应符合以下规定：

1　临时排水沟宜采用梯形断面土质排水沟，急流段应采用防雨布衬垫、素混凝土抹面、土袋叠衬、砌石等防冲措施。
2　临时排水设施应布设在工程征地范围内，并与周边排水沟渠连通。
3　排水沟断面尺寸可根据区域经验值确定，宜设置沉沙池。

13.2.3　桥涵采用钻孔桩基础的，应设置沉淀池，减少水土流失，并应依据地形设置临时排水沟。沉淀池出渣经过干化堆积、处理后用于取土场回填利用。沉淀池进水沟连接泥浆泵管，沉淀池出水沟连接附近自然沟渠。

13.2.4　施工便道两侧及施工生产生活区四周应设置排水沟，并应在排水沟末端布设沉沙池，进行泥沙沉淀，顺接至自然沟渠；边坡应进行临时防护，裸露土地应进行临时绿化。

13.3　临时苫盖

13.3.1　临时苫盖施工应符合以下规定：
1　临时苫盖包括临时遮盖（如彩条布、防尘网、土工布等）、砾石覆盖等。表土存放场、临时堆料场等应结合具体情况，可采用苫布、彩条布、密目网和防尘网等进行苫盖。
2　应根据施工时序安排，对临时苫盖材料合理重复利用。
3　西北风沙区施工中的裸露地表宜采用砾石覆盖减少流失。

13.3.2　施工期间，路基边坡裸露面应苫盖密目网。

13.3.3　对站场扰动范围裸露面应临时覆盖，场地平整后对绿化区裸露面应采用密目网苫盖。

13.3.4　站场和桥梁利用土方临时堆置期间应进行临时苫盖。

13.3.5　隧道应对洞口边坡裸露面临时覆盖，场地平整后应对绿化区裸露面采用密目网苫盖。

13.4　临时挡护

13.4.1　临时挡护包括彩钢板拦挡、土袋、干砌石挡护、铅丝石笼挡护、砌砖等。

条文说明

临时挡护应充分考虑施工开挖和堆弃对周边有较大影响包括对周边农地、河渠、居民的影响，合理分析确定设计范围。

13.4.2 工程建设形成的土质边坡、临时堆土（料）场等对周围造成水土流失危害的，应采取临时挡护措施。

13.4.3 临时挡护措施包括袋装土（渣）、砌石、砌砖墙、修筑土埂和钢围挡等，应按照设计要求设置。

13.5 临时绿化

13.5.1 临时绿化包括临时种草或作物，可选用适生花灌木和普通绿化用草，时间较短的亦可采用撒播豆科植物等防蚀防尘。

13.5.2 裸露超过一个生长季节且多年平均降水量800mm以上的施工生产生活、临时堆土等区域，应采取临时绿化措施。

13.5.3 临时绿化施工还应符合本规程第7.2.1条～第7.2.10条的规定。

14 施工质量验收

14.1 一般规定

14.1.1 铁路建设项目水土保持施工过程中，施工单位应加强质量控制和过程管理，及时组织单元工程施工质量验收评定，分部工程和单位工程自验。

14.1.2 施工单位组织单元工程施工质量验收评定，分部和单位工程自验应符合现行行业标准《水土保持工程质量评定规程》（SL 336）的规定。

14.1.3 施工单位应对水土保持设施档案资料的真实性、完整性和规范性负责，满足档案管理的有关要求。

14.1.4 水土保持工程质量评定项目划分应在工程开工前由工程监理单位、设计与施工单位、建设单位依据《水土保持工程质量评定规程》（SL 336）规定的划分方法和要求完成。

条文说明
  水土保持工程质量评定应划分为单位工程、分部工程、单元工程三个等级。

14.1.5 施工单位应建立完善的质量保证体系，应按照相关技术标准的要求全面进行自检，并做好施工记录，如实填写相关的施工质量评定表格。

14.1.6 水土保持工程质量检验项目的名称、数量和检验方法，应符合现行国家标准《水土保持综合治理 技术规范》（GB/T 16453）和《水土保持综合治理 验收规范》（GB/T 15773）的有关规定。

14.1.7 铁路工程的水土保持组织验收评定应符合下列要求：
  1 单元工程质量应由施工单位质检部门组织自评，报监理单位核定。
  2 重要隐蔽工程及工程关键部位的质量应由施工单位自评，由监理单位复核，报建设单位核定。

3 分部工程质量评定应在施工单位质检部门自评的基础上，由监理单位复核，报建设单位核定。

4 单位工程质量评定应在施工单位自评的基础上，由建设单位、监理单位复核，报质量监督单位核定。

14.2 单元工程评定

14.2.1 单元工程划分应符合下列要求：

1 分部工程开工前应由建设单位或监理单位组织设计、施工等单位，共同划分单元工程。

2 根据工程性质和部位确定的重要隐蔽单元工程和关键部位单元工程需建设单位审核确认。

14.2.2 划分工序单元工程和不划分工序单元工程验收评定应符合下列要求：

1 划分工序单元工程应先进行工序施工质量验收评定。在工序验收评定合格和施工项目实体质量检验合格的基础上，进行单元工程施工质量验收评定。

2 不划分工序单元工程的施工质量验收评定，在单元工程中所包含的检验项目检验合格和施工项目实体质量检验合格的基础上进行。

条文说明

单元工程按工序划分情况，分为划分工序单元工程和不划分工序单元工程。检验项目分为主控项目和一般项目。

14.2.3 工序施工质量验收评定应符合下列要求：

1 工序施工质量验收评定应具备下列条件：
1）工序中所有施工项目（或施工内容）已完成，现场具备验收条件。
2）工序中所包含的施工质量检验项目经施工单位自检全部合格。

2 工序施工质量验收评定应按照下列程序进行：
1）施工单位应首先对已完成的工序施工质量按本规程进行自检，并做好检验记录。
2）施工单位自检合格后，应填写工序施工质量验收评定表。质量负责人履行相应的签字手续后，向监理单位申请复核。

3 工序施工质量验收评定应包括下列资料：
1）各班、组的初检记录，施工队复检记录，施工单位专职质检员终验记录。
2）工序中各施工质量检验项目的检验资料。
3）施工单位自检完成后，填写的工序施工质量验收评定表。
4）监理单位对工程施工质量检验项目的平行检测资料，监理公司签署质量复核意见的工序施工质量验收评定表。

　　4　工序施工质量评定时，合格等级标准应符合下列规定：
　　1）主控项目，检验结果已经全部符合本规程要求。
　　2）一般项目，逐项应该有70%及以上的检验点合格，且不合格点不应集中。
　　3）各项报验资料要符合相关规范和标准要求。
　　5　工序施工质量评定时，优良等级标准应符合下列规定：
　　1）主控项目，检验结果应全部符合本规程的要求。
　　2）一般项目，逐项应有90%及以上的检验点合格，且不合格点不应集中。
　　3）各项报验资料应符合相关规范和标准要求。

14.2.4　单元工程施工质量验收评定应符合下列要求：
　　1　单元工程施工质量验收评定应具备下列条件：
　　1）单元工程所含工序或所有施工项目已完成，施工现场具备验收条件。
　　2）已完工序施工质量经验收评定全部合格，有关质量缺陷已处理完毕或者有监理单位批准的处理意见。
　　2　单元工程施工质量验收评定应按照下列程序进行：
　　1）施工单位应首先对已经完成的单元工程施工质量进行自检，并填写检验记录。
　　2）施工单位自检合格后，应填写单元工程施工质量验收评定表，向监理单位申请复核。
　　3）监理单位复核。
　　3　重要隐蔽单元工程和关键部位单元工程施工质量验收评定应由建设单位或委托监理单位主持。
　　4　单元工程施工质量验收评定应包括下列资料：
　　1）单元工程中所有工序或检验项目验收评定的检验资料。
　　2）各项实体检验项目的检验记录资料。
　　3）施工单位自检完成后，填写的单元工程施工质量验收评定表。

14.2.5　划分工序单元工程施工质量评定时，其标准应符合下列规定：
　　1　合格等级标准应符合下列规定：
　　1）各工序施工质量验收评定应全部合格。
　　2）各项报验资料应符合相关规范和标准要求。
　　2　优良等级标准应符合下列规定：
　　1）各工序施工质量验收评定应全部合格，其中优良工序应达到50%以及以上，且主要工序应达到优良等级。
　　2）各项报验资料符合相关规范和标准要求。

14.2.6　不划分工序单元工程施工质量评定时，其标准应符合下列规定：

1 合格等级标准应符合下列规定：
1) 主控项目，检验结果应全部符合本标准要求。
2) 一般项目，逐项应该有70%及以上的检验合格，且不合格点不应集中。
3) 各项报验资料应符合相关规范和标准要求。
2 优良等级标准应符合下列规定：
1) 主控项目，检验结果应全部符合本标准的要求。
2) 一般项目，逐项应有90%及以上的检验点合格，且不合格点不应集中。
3) 各项检验资料应符合相关规范和标准要求。

14.2.7 单元工程施工质量验收评定未达到合格标准时，应及时进行处理，处理后应按下列规定进行验收评定：
1 全部返工重做的，重新进行验收评定。
2 经加固处理并经设计和监理单位鉴定能达到设计要求时，其质量评定为合格。
3 处理后的单元工程部分质量指标仍未达到设计要求时，请原设计单位复核，建设单位及监理单位确认能满足安全和使用功能要求，可不再进行处理；或经加固处理后，改变了建筑物外形尺寸或造成工程永久缺陷的，经建设单位、设计单位及监理单位确认能基本满足设计要求，其质量可定性合格，并按规定进行质量缺陷备案。

14.3 分部工程验收

14.3.1 分部工程的所有单元工程被监理单位确认为完建且质量合格或有关质量缺陷已经处理完毕，方可进行分部工程自验。

14.3.2 分部工程的自验应由施工单位组织，邀请监理单位参加。

14.3.3 分部工程自验应包括下列内容：
1 鉴定水土保持是否满足现行国家强制性标准以及合同约定的标准。
2 按现行技术标准评定分部工程的质量等级。
3 检查水土保持设施是否具备运行或进行下一阶段建设的条件。
4 确认水土保持设施的工程量。
5 对遗留问题提出处理意见。

14.3.4 分部工程自验资料应包括工程图纸、过程资料及验收成果。

14.3.5 分部工程自验应填写分部工程验收表格，作为单位工程自验资料的组成部分。参加自验的成员应在签证上签字，分送各参加单位。

14.4 单位工程验收

14.4.1 单位工程自验应具备下列条件：
1 按批准的设计文件的内容基本建成。
2 分部工程已经完工并自验合格。
3 运行管理条件已初步具备，并经过一段时间的试运行。
4 少量尾工已妥善安排。水土保持设施投入使用后，不影响其他工程正常施工，且其他工程施工不影响该单位工程安全运行。

14.4.2 单位工程自验应由施工单位组织，邀请监理单位参加。

14.4.3 单位工程自验应包括下列内容：
1 对照批准的水土保持方案及其设计文件，检查水土保持设施是否完成。
2 鉴定水土保持设施的质量并评定等级，对工程缺陷提出处理要求。
3 检查水土保持效果及管护责任落实情况，确认是否具备安全运行条件。
4 确认水土保持工程量。
5 对遗留问题提出处理要求。

14.4.4 单位工程自验应按相关规定填写单位工程验收鉴定书，作为自查初验和后期自主验收的依据。形成的单位工程验收鉴定书应分送参加验收的相关单位。

14.4.5 建设项目所在地的各级水行政主管部门对建设项目的督查、检查、评价等书面意见以及处理结果，应作为技术评估和行政验收的依据。

本规程用词说明

1 为便于在执行本规程条文时区别对待,对要求严格程度的用词说明如下:
1) 表示很严格,非这样不可的:
   正面词采用"必须",反面词采用"严禁"。
2) 表示严格,在正常情况下均应这样做的:
   正面词采用"应",反面词采用"不应"或"不得"。
3) 表示允许稍有选择,在条件许可时首先应这样做的:
   正面词采用"宜",反面词采用"不宜"。
4) 表示有选择,在一定条件下可以这样做的,采用"可"。

2 条文中指明应按其他有关标准执行的写法为"可按……执行"或"应符合……的规定"或"应按……执行"。

引用标准名录

1 《生产建设项目水土保持技术标准》（GB/T 50433）
2 《生产建设项目水土流失防治标准》（GB 50434）
3 《水土保持工程设计规范》（GB 51018）
4 《水土保持综合治理　技术规范　荒地治理技术》（GB/T 16453.2）
5 《水土保持综合治理　技术规范　小型蓄排引水工程》（GB/T 16453.4）
6 《水土保持综合治理　技术规范　风沙治理技术》（GB/T 16453.5）
7 《防沙治沙技术规范》（GB/T 21141）
8 《生态公益林建设　技术规程》（GB/T 18337.3）
9 《林木种子质量分级》（GB 7908）
10 《林木种子检验规程》（GB 2772）
11 《飞播造林技术规程》（GB/T 15162）
12 《造林技术规程》（GB/T 15776）
13 《铁路建设项目水土保持方案技术标准》（TB 10503）
14 《铁路混凝土工程施工质量验收标准》（TB 10424）
15 《水土保持工程质量评定规程》（SL 336）
16 《容器育苗技术》（LY/T 1000）
17 《流动沙地沙障设置技术规程》（LY/T 2986）
18 《耕作层土壤剥离利用技术规范》（TD/T 1048）
19 《土地整治高标准农田建设　第2部分：土地平整》（DB 61/T 991.2）
20 《水利水电工程水土保持技术规范》（SL 575）

涉及专利名录

[1] 中铁十八局集团有限公司．一种隧道口岩堆滑坡保护装置：中国，201621433020.9［P］．2017-06-30．

[2] 中铁十八局集团有限公司．一种富水狭窄隧道软弱围岩条件下排水结构：中国，201520035737.7［P］．2015-07-08．

[3] 中铁十八局集团有限公司．粉砂土路段公路排水系统：中国，201520393614.0［P］．2015-11-25．

[4] 中铁十八局集团有限公司．一种高寒地区防隧道冰冻排水结构：中国，201621429330.3［P］．2017-08-04．

[5] 中铁十八局集团有限公司．一种管间精准控制冻土帷幕土体改良注浆布置结构：中国，201520872526.9［P］．2016-03-30．

[6] 中铁十八局集团有限公司．一种在富水深卵砾漂石地层中超前预注浆的止水结构：中国，201821156612.X［P］．2019-05-03．

[7] 中铁十八局集团有限公司，中铁十八局集团第一工程有限公司．一种监测土体分层沉降布置结构：中国，201520553274.3［P］．2015-12-02．

[8] 中铁十八局集团有限公司．土体状态参数的远程监控固定装置：中国，201821159138.6［P］．2019-05-17．

本文件的发布机构提请注意，声明符合本文件时，可能涉及相关专利的使用。

本文件的发布机构对于该专利的真实性、有效性和范围无任何立场。

该专利持有人已向本文件的发布机构保证，他愿意同任何申请人在合理且无歧视的条款和条件下，就专利授权许可进行谈判。该专利持有人的声明已在本文件的发布机构备案。相关信息可通过以下联系方式获得：

专利持有人姓名：中铁十八局集团有限公司

地址：天津市河西区柳林东

请注意，除上述专利外，本文件的某些内容仍可能涉及专利。本文件的发布机构不承担识别这些专利的责任。